백성을 위해 **나라 글**을 만든
## 큰 임금

역사 공부가 되는 위인전 07 세종대왕
백성을 위해 나라 글을 만든 큰 임금

초판 1쇄 발행|2008. 4. 25.
초판 2쇄 발행|2008. 11. 1.

글쓴이|이상배
그린이|이정규

펴낸곳|해와나무
펴낸이|박선희
편　집|방일권, 김지현, 김소라
디자인|투피피
마케팅|이희영
관　리|이정원

출판 등록|2004. 2. 14. 제 312-2004-000006호
주소|서울특별시 서대문구 충정로 2가 78-30
전화|(02)362-0938/7675
팩스|(02)312-7675

책값은 뒤표지에 표시되어 있습니다.
ISBN  978-89-91146-01-3(세트)
　　　978-89-91146-99-0 74910

ⓒ 2008 이상배
이 책의 저작권은 저자에게 있습니다. 책 내용의 일부 또는 전부를 인용하거나
발췌하려면 반드시 저작권자와 출판사 양측의 서면 동의를 구해야 합니다.

*이 책의 수익금 일부는 한우리 봉사단과 아름다운재단에 기부되어 소외 아동·청소년을 위해 사용됩니다.

# 백성을 위해 나라 글을 만든
# 큰 임금

글 이상배 | 그림 이정규

# 나라 글을 만들고, 백성을 하늘처럼 섬긴 세종대왕

'조선' 왕조의 역사는 519년입니다. 1392년 태조 이성계가 나라를 세우고, 1910년 순종이 마지막 왕입니다.

조선을 다스린 왕은 27명이었습니다. 세종은 조선시대 임금 중 가장 뛰어난 왕으로 추앙받고 있습니다. 아니, 우리나라 근대에서 현대에 이르기까지 가장 위대한 인물로 우러르는 '성군'입니다. 성군이란 '덕이 아주 뛰어난 어진 임금'을 말합니다. 하지만 어질기만 한 임금을 성군이라 할 수는 없습니다.

세종대왕은 덕으로 나라와 백성을 다스리고, 그 힘으로 정치·사회·군사·문화·과학·예술 등 모든 분야에서 큰 업적을 이루었습니다.

세종의 덕(德)과 예지(銳智)는 어디서 나왔을까요?

그것은 독서의 힘, 공부의 힘이 빚어 낸 창상력(창의력과 상상력)의 결과였습니다.

세종은 어려서부터 책을 밥보다 더 좋아하였습니다. 왕자와 왕세자 때도 오직 책과 벗하고, 임금이 되어서도 책과 씨름하였습니다. 아버지 태종은 '과거 볼 일도 없는데 왜 고생을 하며 책을 보느냐'고 책망을 하기도 하였습니다. 그러나 태종은 결국 그런 왕자, 즉 공부하는 왕자를 다음 왕으로 택하였습니다.

    세종은 책에서 왕도를 배우고 끊임없이 자신을 수련하였으며, 배운 것을 반드시 행동으로 실천하였습니다. 그 실천력은 바로 정치와 학문과 과학과 음악을 꽃 피웠습니다.

    그리고 마침내 훈민정음이라는 조선의 글자를 만들었습니다. 훈민정음의 28자 자음과 모음은 과학을 바탕으로 이루어 낸 위대한 문자 혁명입니다.

    만약 '한글'이 없었다면 우리는 어찌 되었을까요?

    우리는 아직도 말과 글이 다른 남의 나라 글자인 한자를 쓰고 있을 겁니다.

    이 순간, 세종대왕에게 고맙다는 인사를 수없이 해 봅니다. 아름다운 우리 글자로 우리의 만 가지 느낌을 나타내고, 또 세종대왕의 이야기를 들려줄 수 있으니 말입니다.

    이 책을 읽는 어린이들에게 부탁하고 싶습니다. 세종대왕처럼 책하고 지독하게 친해 보라고 말입니다. 그러면 반드시 자신이 꿈꾸는 것을 창상력으로 이룩할 수 있을 것입니다.

2008년 4월

이상배

## 차 례

| | |
|---|---|
| 임금의 눈물 | 9 |
| 내 살점을 떼어 주고 싶소 | 30 |
| 집현전의 불빛 | 61 |
| 우리 글자를 만들다 | 112 |
| 동별궁에서 숨을 거두다 | 147 |

### 책 속의 책 펼쳐라! 생각그물

- **역사 박사 첫걸음** 세종은 책벌레이고 공부벌레였다
- **역사 지식 꼼꼼 보기** 훈민정음에서 한글까지
- **역사 지식 곁보기** 집현전의 여덟 학사와 일곱 학사
- **역사 지식 돋보기** 세종대왕 때 탄생한 위대한 과학 발명품
- **한 걸음 더 역사 따라가기** 단종의 비극과 집현전 학사들의 운명
- **숨겨진 이야기 천기누설** 질병의 고통 속에서도 오직 백성 사랑

세종대왕 초상

# 임금의 눈물

### 어진 이를 선택하다

양녕대군은 조선 제3대 임금인 태종의 맏아들이다.

이름은 이제(李禔)이고, 1402년(태종 2) *원자로 봉해졌으며, 1404년 왕세자로 책봉되었다.

양녕은 활을 잘 쏘았다.

어느 가을이었다.

태종이 대궐 마당을 산책하고 있었다.

"감이 잘 익었구나."

*원자: 아직 세자에 책봉되지 않은 임금의 아들.

　태종은 감나무를 올려다보며 말했다. 감나무 가지마다 붉은 감이 주렁주렁 열려 있었다.
　그때였다.
　까옥까옥. 어디선가 까마귀들이 몰려와 감을 마구 쪼아 먹었다.
　"허허, 저런 저런."
　태종은 활을 잘 쏘는 사람을 불러 까마귀 떼를 쫓으라고 명령하였다.

그러자 태종을 따르던 환관이 머뭇거렸다.

활을 쏘아 까마귀를 떨어뜨릴 수 있는 사람이 누가 있을까?

환관이 아뢰었다.

"전하, 까마귀를 쏘아 떨어뜨릴 수 있는 분은 세자저하뿐이옵니다."

"양녕이?"

태종은 세자를 불러오도록 하였다.

부왕의 부름을 받고 달려온 양녕은 아버지의 명을 받아 활로 까마귀를 쏘아 떨어뜨렸다. 한 번도 아닌 두 번이나 정확하게 까마귀를 맞추었다.

"전하, 세자저하의 활 솜씨는 가히 *신기에 가깝습니다."

따르던 신하가 세자를 칭찬하였다.

그러나 태종은 기뻐하지 않았다. 그저 말없이 웃기만 하였다.

양녕은 어려서부터 총명하고, 몸과 마음이 나이에 비해 성숙하였다. 형제간에 우애가 깊었으며, 부모에게 효성이 지극하였다. 하지만 글공부를 썩 좋아하지 않았다. 처음부터 학문을 싫어한 것은 아니었다. 성미가 곧고 불같으며 매우 호탕하여 학문보다는 활 쏘고, 사냥하고, 놀기를 더 좋아하였다. 이는 아버지 태종의 *기질을 닮은 것이었다.

"양녕이 공부를 게을리하지 말아야 하는데……. 왕세자는 장차 나라를 다스릴 *국본이거늘!"

태종은 다음 세대의 왕은 나라를 더욱 튼튼히 하고 백성에게는 어버이같이 어질어야 한다고 생각했다.

어느 날, 태종은 세 아들과 함께 밥을 먹었다. 둘째 효령과 셋째 충녕은 식사 예절을 잘 지켰다. 그런데 왕세자인 양녕은 밥을 마치 몇 끼 굶은 사람처럼 허겁지겁 떠먹고 국을 쩝쩝 소리 내어 퍼먹었다. 그런 왕세자를 바라보던 태종은 슬그머니 숟가락을 놓았다.

*신기 : 매우 뛰어난 기술이나 재주.
*기질 : 기량과 타고난 성질.
*국본 : 왕세자. 나라를 다스릴 근본이라는 뜻으로, 왕세자를 근본이라고 불렀음.

이렇듯 양녕은 왕세자가 갖추어야 할 예의나 법도에 얽매이지 않는 성격으로 거침없이 행동하였으며, 엄격한 궁중 생활에 적응하지 못하였다.
　하루는 태종이 *서연관을 불렀다.
　"세자가 *서연을 잘 하고 있는가?"
　서연관은 바로 대답하지 못하고 머뭇거렸다.
　양녕 세자는 서연에도 잘 나오지 않고, 마지못해 나온 날은 하품을 해대며 졸기 일쑤였으며, 마당에 새 덫을 놓고 새가 잡히면 불쑥 뛰어나가 버렸다. 또 어느 날은 아프다는 핑계로 서연에 참석하지 않고 활터에 나가 활을 쏘았다.
　"저하, 아프다는 이유로 서연에 참석하지 않으시면서 어찌하여 활을 쏠 수가 있습니까?"
　"서연을 하면 온몸이 쑤시고 아픈 것을 어찌하겠소?"
　"저하, 그게 무슨 말씀입니까?"
　"그게 말이오, 책을 펴놓고 보면 온통 활터나 사냥터로 보이고, 또 글자를 보면 꿩이나 토끼로 보이니 난들 어찌하겠소?"
　"저하, 마음을 바르게 가지십시오."
　"하하하. 서연관은 내가 마음이 삐뚤어졌다고 보시오?"

*서연관 : 서연에 참여했던 벼슬아치.
*서연 : 조선시대 왕세자의 교육 방법. 유교의 책들을 가르쳤다.

서연관은 깊은 한숨을 내쉬었다.

태종의 한숨도 쌓여 갔다. 세자가 공부를 멀리하는 것이 큰 걱정이었다. 달래기도 하고 꾸짖기도 하였다. 그러나 양녕은 아버지의 걱정은 아랑곳없이 하루가 멀다 하고 말썽을 일으켰다.

이런 일도 있었다.

하루는 양녕 세자가 황상이라는 벼슬아치를 불렀다.

"강아지를 구해 오너라."

세자의 명령은 막무가내였다. 황상은 세자의 명을 거역할 수가 없었다.

황상은 권초라는 사람의 집에 들어가 강아지를 안고 나와 세자에게 갖다 바쳤다.

이 일이 태종에게 알려졌다.

"주인도 없는 집에 들어가 함부로 개를 가져왔단 말이냐?"

태종은 크게 노하였다.

양녕은 매를 좋아하였다. 매는 사냥하는 데 쓰이기 때문이다.

어느 날은 셋째 왕자인 충녕이 가지고 있던 매를 빼앗아다 감추어 버렸다. 이 일도 태종이 알게 되었다.

태종은 세자를 불러 꾸짖었다.

"오늘부터 절대로 개나 매를 갖고 놀지 마라. 알겠느냐?"

그러나 양녕 세자는 태종의 말을 듣지 않았다. 부왕에게 꾸짖음 당한 것을 \*빈객에게 미친 행동으로 나타냈다.

양녕을 가르치는 선생은 계성군 이내(李來)였다.

"세자저하, 계성군 나리 오십니다."

동궁 별감이 소리쳤다.

"오냐, 알았다."

양녕은 갑자기 왕왕, 왕왕 하고 개 짖는 소리를 내었다.

방 안으로 들어선 이내는 깜짝 놀랐다.

"저하……."

양녕 세자는 개 시늉을 하며 마치 물어뜯을 것처럼 이내에게 달려들었다.

"저하, 이 무슨 해괴한 짓입니까?"

"아, 스승님 오셨소?"

"저하, 무슨 언짢은 일이라도 있으십니까?"

"아니오."

"그런데 어찌 개 시늉을 하셨습니까?"

"개 시늉이라고요? 내가 언제요? 난 개를 본 적도 없소."

\*빈객: 조선시대 세자의 교육을 맡은 정이품 벼슬.

"예? 개를 본 적도 없다고요?"

양녕의 해괴한 짓은 날로 더해 갔다. 마치 미친 사람 같았다. 공부는 아예 내팽개쳤다. 배가 아프다, 머리가 아프다며 꾀병을 부리기 일쑤였다. 궁궐 담을 넘어 천하고 난잡한 잡배들과 어울려 술집을 드나들기도 하였다.

"양녕은 왕세자 자격이 없다."

대궐 안팎에서 세자를 *폐위해야 한다는 소리가 높아져 갔다.

태종의 걱정은 태산 같았다.

왕세자를 어떻게 할 것인가?

조정의 *신료들이 왕세자를 폐위하라는 상소를 연일 올렸다.

왕세자는 나라의 국본으로 법도에 어긋난 행동을 계속하고 있으며, 올바른 도리나 의리를 저버린 지 오래이니 하루속히 왕세자 자리에서 내쫓아야 한다는 것이었다.

어찌할까, 폐위할 것인가?

폐위한다면 누구를 왕세자로 삼을 것인가?

1418년(태종 18) 6월 2일, 찌는 듯한 초여름 더위 속에서 긴 장마가 계속되고 있었다. 며칠 동안 장대비가 퍼부어 개천마다 황톳물이 거칠게 넘쳤다.

*폐위: 왕이나 왕위, 왕비 자리를 폐함.
*신료: 모든 신하. 많은 신하.

태종은 책상 위에 수북이 쌓인 상소문을 뚫어지게 쳐다보았다.

"부끄럽도다. 어찌 나라의 국본이 이 지경이 되었을꼬."

태종은 깊은 한숨을 내쉬었다. 한참 동안 눈을 감고 생각에 잠겨 있던 태종이 *도승지를 불렀다.

"중신들을 들라 하라."

마침내 태종은 세자 폐위에 대한 것을 신하들과 논의하였다.

"여기 상소문에 적힌 것을 의논하고자 하오."

태종의 말에 대신들은 얼른 말하지 못하고 머뭇거렸다.

"나는 중신들의 뜻에 따를 것이오."

그러자 영의정 유정현이 나섰다.

 왕자의 '대군'과 '군'은 어떻게 다른가?

'대군'과 '군'의 칭호는 임금이 내리는 관작으로 벼슬과 지위를 나타낸다. 왕자들은 처음에는 '군'에 봉해지고, 어느 정도 나이가 들면 '대군'으로 진봉된다. 이때 왕과 왕비 사이에 태어난 왕자는 '대군' 작위를 받지만, 후궁에서 난 왕자는 대군에 오를 수 없다.

그러나 왕과 왕비 사이에 난 왕자라도 대군 작위를 받지 못한 경우도 있는데, 어린 시절에 곧바로 세자나 세손에 책봉되면 대군의 과정이 없게 된다. 세종은 충녕군에서 충녕대군이 되고, 왕세자로 책봉된 후 왕위에 올랐다.

*도승지 : 조선시대에 승정원의 여러 승지 가운데 으뜸인 정삼품의 벼슬.

"전하, 어리석은 이를 폐하고 어진 이를 세자로 세우셔야 하옵니다."

영의정 말이 끝나기 무섭게 이조판서 황희가 나섰다.

"전하, *장자를 폐하고 아랫사람을 세우는 것은 장차 재앙을 부르는 근본이 되옵니다. 비록 세자가 품행이 거칠고 방종하나 이는 아직 나이가 어리기 때문이니, 때가 되면 염려 없을 것이옵니다. 기다림이 옳은 줄로 아옵니다."

그러나 태종은 이미 세자를 폐위할 생각이 굳어 있었다.

"전하, 어진 이를 택하셔야 하옵니다."

좌의정 박은도 영의정 유정현과 같은 주장을 하였다.

"전하, 아니 되옵니다. 한번 정한 왕세자를 바꿀 수는 없습니다."

황희는 세자를 폐위해서는 안 된다고 거듭 주장하였다.

태종은 끝까지 자기 뜻을 굽히지 않는 황희를 내쫓아 멀리 전라도 남원으로 귀향 보냈다.

영의정과 좌의정이 말하는 '어진 이'는 누구인가?

태종이 마음속으로 생각하는 왕세자는 누구인가?

*장자: 맏아들은 이름.

### 책벌레 충녕, 세자가 되다

충녕대군은 1397년 태종의 셋째아들로 태어났다. 이름은 이도(李祹)이고, 자(장성해서 부르는 이름)는 원정(元正)이다. 1408년(태종 8) 충녕군에 봉해지고, 1413년(태종 13) 충녕대군으로 *진봉되었다. 이때 충녕의 나이 17세였다.

충녕은 어려서 '막둥이'라고 불렸다. 심부름을 잘하는 아이라는 뜻이다. 총명하고 천성이 어질고, 행동거지가 단정하였으며 부지런했다. 책읽기와 글공부를 매우 좋아하여 한시도 손에서 책을 놓지 않았다. 한마디로 책을 제 몸처럼 좋아하는 책벌레였다.

한번은 이런 일이 있었다.

충녕이 하도 책을 보아 병이 나고 말았다. 그런데 충녕은 아파 누워서도 책을 읽었다.

태종은 충녕이 걱정되었다.

"안 되겠다. 충녕의 방에 있는 책을 모두 치우거라."

태종의 명을 받은 환관이 책을 거두어 감추어 버렸다.

산책을 하고 돌아온 충녕은 깜짝 놀랐다.

"아니, 책이 모두 어디 갔지?"

*진봉 : 이 글에서는 왕세자의 봉작을 올리는 것을 말함.

충녕은 방 안을 뒤져 보았다.

"책이 없으면 어떡하나……."

방 안을 뒤지던 충녕은 병풍 틈에 끼여 있는 책 한 권을 발견했다. 환관이 미처 가져가지 못한 것이었다. 《구소수간》이라는 책으로, 송나라 때 이름난 문장가였던 구양수와 소식이라는 사람이 서로 주고받은 편지글이었다.

"다행이다. 이 책이라도 읽게 되었으니."

충녕은 하나 남은 책을 읽고 또 읽고, 수십 번을 읽었다. 한 달 후 충녕이 병석에서 일어났을 때는 책이 너덜너덜해져 있었다. 그 책은 그만큼 좋은 책이기도 하였다.

충녕을 대군으로 진봉시킨 태종은 둘째 왕자 효령대군과 함께 대군으로서 갖추어야 할 공부를 하도록 하였다. 사부는 생원시에 장원한 \*이수였다. 충녕과 효령은 선생을 따르며 열심히 글공부를 하였다.

충녕의 책읽기는 정독하는 것이었다. 한 권의 책 내용을 머릿속에 꼭꼭 저장하며 바르게 읽었다. 한 번 읽은 내용은 잊어버리지 않고 기억했으며, 읽은 책을 열 번 스무 번 읽고 또 읽었다.

태종은 학문을 좋아하는 충녕이 대견스럽기도 하였지만 한편

---

\*이수 : 1374~1430, 조선시대 문신. 효령대군과 충녕대군(세종)의 사부였으며, 세종이 즉위하자 집현전 직제학이 되고, 황해도 관찰사, 예문관 대제학, 병조·이조판서를 지냈다. 세종의 경연에 참석하였다.

으로는 염려가 되기도 하였다. 충녕이 아무리 학문을 닦아 그 실력이 높아진다고 해도 임금이 되거나 정치를 할 수 없기 때문이다. 이미 임금이 될 사람은 맏아들인 양녕으로 정해졌고, 충녕이나 효령은 임금의 형제로서 적극적으로 정치를 할 수 없었다.

태종은 학문을 좋아하는 충녕에게 "너는 앞으로 할 일이 없을 테니 아무것도 하지 말고 편안히 지내거라." 하고 이르기도 하였다. 이는 임금이 될 자격이 없으니 굳이 학문을 깊이 닦을 필요가 없다는 뜻이었다.

어느 날, 태종이 충녕을 데리고 사냥을 나갔다가 비를 만났다.

태종이 이렇게 말했다.

"집에 있는 사람은 비가 오면 반드시 길 떠난 사람의 노고를 생각한다."

그러자 충녕이 그 말을 받아 이렇게 대답하였다.

"*시경에 '황새가 언덕에서 우니, 부인이 집에서 탄식한다.'고 하였습니다."

이때 태종은 마음속으로 크게 놀라면서도 기뻐하였다. 시경 속에 나오는 비슷한 시 구절을 즉시 말할 만큼 시경을 꿰고 있

*시경: 유학에서 오경(시경·서경·주역·예기·춘추)의 하나. 중국 최고의 시가집으로 공자가 편찬하였다고 전해지나 확실하지는 않다. 주나라 초부터 춘추시대까지의 시 311편을 수록하였다. 오늘날 전하는 것은 305편이다.

는 충녕의 학문이 세자보다 훨씬 뛰어나다는 것을 알았다. 오래전부터 조정의 대신들도 충녕의 학문하는 자세와 실력을 아낌없이 칭찬하던 터였다.

태종은 남모르게 한숨을 내쉬는 일이 많았다.

충녕의 학문은 날로 향상되는 데 반해 세자 양녕은 책상 앞에 앉기조차 싫어했다. 그뿐 아니라 갈수록 행동거지가 바르지 못하고 말썽을 부렸다.

태종이 바라는 왕세자의 자질은 사냥을 잘하고, 활을 잘 쏘는 무(武)가 아니라 학문과 덕을 갖춘 문(文)이었다.

태종은 젊은 날, 아버지 이성계를 도와 조선을 건국하는 데 큰 공을 세웠다. 그러나 왕의 자리에 오르기까지 자신을 반대하는 신하들을 죽이고, 아버지 태조의 뜻을 꺾으며 두 번이나 '난'을 일으켜 마침내 왕이 되었다.

조선 제3대 임금이 된 태종은 건국 초기 나라의 기틀을 잡기 위해서 먼저 *왕권을 튼튼히 해야 했다. 때문에 무력을 사용했다.

"다음 세대에는 태평성대를 이루어야 한다."

태종은 자신이 생각하는 나라를 만들고자 치밀하게 계획하고

*왕권 : 국왕의 권력.

추진하였다. 국가를 운영할 수 있는 기반을 확립하고, 외적의 침입에도 흔들리지 않는 힘을 가진 나라였다. 자신이 형제를 죽이고 왕위에 오른 만큼 후대에는 그런 일이 절대 있어서는 안 된다고 생각했다. 그러기에 나라를 다스리는 것은 *인의를 바탕으로 하는 *유교 정치를 택했다.

'형제간에 피를 흘리는 것도 내가 마지막이요, 힘으로 이기고자 하는 것도 내가 마지막이 되어야 한다. 그러자면 백성을 근본으로 하는 *왕도 정치를 실현해야 한다.'

그런 나라를 이끌어 갈 사람은 다름 아닌 양녕 왕세자였다. 그러나 태종의 이런 바람은 차츰 사라지게 되었다. 무인의 기질을 타고난 양녕은 마치 자신의 젊은 시절의 모습을 보는 것 같았다.

'아니야. 나 같은 임금은 안 돼.'

태종은 마침내 "너는 앞으로 할 일이 없을 테니 아무것도 하지 말고 편안히 지내거라." 하고 이른 충녕대군을 마음에 두기 시작했다.

'아버지만큼 아들을 잘 아는 이'는 없다.

태종은 여러 대신들에게 말했다.

---

*인의(仁義) : 사람으로서 마땅히 지켜야 할 도리. 어짊과 의로움.
*유교 : 중국의 공자 사상을 근본으로 삼아 정치, 도덕의 실천을 중시하는 전통적인 학문.
*왕도 : 인덕을 근본으로 하여 나라를 다스리는 도리. 유학에서 이상으로 하는 정치 사상이다.

###  형제간에 피를 뿌린 1·2차 왕자의 난

조선 초기 1398년(태조 7) 8월과 1400년(정종 2) 1월에 왕위 계승을 둘러싸고 일어난 두 차례 왕자들의 싸움. 제1차는 일명 '방원의 난', 또는 '무인정사', '정도전의 난'이라고 한다.

태조는 한씨, 강씨의 두 황후 사이에 여덟 왕자가 있었는데, 태조가 강씨 소생인 8남 방석을 세자로 책봉하자 한씨 소생의 아들들이 불만을 품게 되었다. 1398년(태조 7) 태조가 병으로 눕게 되자 방원(태종)이 주동이 되어 세자를 옹호하고 있는 정도전 등이 한씨 소생의 왕자들을 죽이려 한다며 군사를 동원하여 방석과 방번 등 이복동생과 정도전, 남은 등을 제거하였다. 이에 충격을 받은 태조는 방과(정종-한씨 소생의 둘째)에게 왕권을 물려주고 물러났다.

제2차는 일명 '방간의 난', '박포의 난'이라고 불린다. 제1차 왕자의 난 때 방원을 도와 공이 컸음에도 1등 공신이 못된 박포가 왕위 계승에 야심을 품고 있던 방간(한씨 소생의 넷째)에게, 방원이 방간을 죽이려고 한다고 거짓으로 충동질한다. 이에 위협을 느낀 방간이 군대를 동원하여 방원을 공격했으나 패하고 만다. 이에 방간은 토산에 유배되고, 박포는 참수되었다. 이후 방원은 정종의 양위를 받고 조선 제3대 왕에 오른다. 이렇게 왕의 자리에 오르기 위해 형제를 죽이고, 아버지의 뜻을 거스른 태종은 건국 초기 나라의 기반을 튼튼하게 다지되, 다음 세대 왕은 어진 왕으로 잇기 위해 세종을 택한 것으로 알려져 있다.

"옛 사람이 말하기를 '나라에 어진 임금이 있으면 나라와 백성의 복'이라고 하였다. 둘째 효령은 국왕이 될 자질이 부족하다. 성품이 곧으나 굳센 데가 없다. 내가 무슨 말을 하면 그저

**지덕사** 숙종 때 동생 충녕에게 세자 자리를 넘겨 준 양녕대군을 '지혜롭고 덕이 있다'고 칭송하고 기리어 세운 사당.

웃기만 할 뿐이다. 그러나 충녕은 천성이 총민하고, 학문을 좋아하여, 추우나 더우나 밤늦도록 책읽기를 게을리하지 않는다. 나는 충녕이 병이 날까 봐 밤에는 독서를 못하게도 하였다. 그런데도 내게 있는 책을 모두 가져다 읽었다. 나라에 큰일이 있을 때마다 윗사람에게 의견을 묻는 것이 꼭 사리에 맞았는데, 그것은 곧 정치를 아는 것이며, 내가 미처 생각지 못한 것이다."

 태종은 충녕이 임금 자리를 맡길 만한 인물이라고 하면서 세자로 세우겠다고 말하였다.

 1418년(태종 18) 6월 3일. 개경에 머무르고 있던 태종은 마침내 양녕 세자를 폐위하고, 셋째 아들 충녕대군을 새 왕세자로 책봉한다는 *교지를 내렸다. 그리고 폐세자 양녕은 경기도 광주 땅으로 떠나라고 명하였다.

태종의 교지를 받은 폐세자 양녕은 눈물을 흘리거나 슬퍼하지 않았다.

다음 날 양녕은 식구들과 하인들을 데리고 광나루에서 배를 탔다.

"이제 한양 땅을 떠나면 언제 다시 밟아 볼 것인가!"

양녕은 궁궐을 향하여 임금에게 작별하는 절을 올렸다.

"아바마마, 소자의 죄가 크옵니다. 이 불효를 어찌 감당할지……."

양녕은 그제야 주르륵 눈물을 흘렸다.

한편 맏아들 왕세자를 폐위하고 셋째 아들을 세자로 삼은 태종은 하루 종일 음식을 들지 않았다.

"내가 그 아이를 얼마나 *금지옥엽으로 귀하게 키웠는가."

편전에서 임금이 흐느껴 우는 소리가 들려오더니 점점 통곡으로 이어졌다.

이에 환관과 궁녀들이 모두 꿇어 함께 울었다.

아버지 태종의 마음은 견딜 수 없이 아프고 슬펐다.

*교지 : 조선시대에 왕이 신하에게 관직·관작·자격·시호·토지·노비 등을 내려 주는 명령서.
*금지옥엽 : 귀한 자손을 이르는 말.

# 내 살점을 떼어 주고 싶소

*익선관을 쓰다

1418년(태종 18) 7월 27일, 개경에 머무르고 있던 태종이 한양으로 돌아왔다. 이 무렵 많은 비가 내렸다. 물난리가 나 농작물이 큰 피해를 입었다. 8월 8일, 여전히 비가 그치지 않은 궂은 날씨였다.

충녕 세자는 세자궁에서 책을 읽고 있었다.

이때 환관의 목소리가 들려왔다.

"세자저하, 주상전하께서 급히 찾아 계시옵니다."

*익선관 : 임금이 평상복으로 집무를 볼 때 쓰던 관.

"아바마마께서?"

충녕은 급히 보평전으로 달려갔다.

보평전에 들어선 충녕은 깜짝 놀랐다. 삼정승과 육조의 신하들이 통곡을 하고 있었다.

"아바마마, 어인 일이옵니까?"

충녕 세자는 태종 앞에 꿇어앉았다.

임금 옆의 상 위에는 옥새가 놓여져 있었다.

태종은 자리에서 일어나 손수 옥새를 가지고 세자에게 다가왔다.

"오늘 왕위를 세자에게 *양위한다."

충녕 세자는 얼떨결에 옥새를 받아들었으나 곧 옥새를 상 위에 놓고 엎드렸다.

"아바마마, 아니 되옵니다."

백관들도 "전하, 명을 거두어 주시옵소서." 하고 일제히 울음을 터뜨렸다.

그러나 태종은 더 듣지 않고 침전으로 들어가 버렸다.

충녕은 옥새를 받들고 태종의 침전에 꿇어앉았다.

"아바마마, 소자는 아바마마의 명을 받들 수 없사옵니다. 통촉하여 주시옵소서."

*삼정승 : 조선시대의 영의정, 좌의정, 우의정을 이름.
*육조 : 고려·조선시대에 기능에 따라 나라 일을 분담하여 보던 6개의 중앙 관청인 이조, 호조, 예조, 병조, 형조, 공조의 총칭.
*양위 : 임금이 왕위를 다음 임금에게 물려줌.

"나의 뜻은 변하지 않을 것이다. 세자는 아비의 뜻을 받들어 효도하라."

태종은 대신들의 간곡한 청에도 양위의 뜻을 굽히지 않았다.

"내가 다른 성을 가진 자에게 왕위를 물려주는 것이 아니거늘, 어찌 이리 요란을 떠는가. 내 아들에게 자리를 물려주는 것이다."

태종은 국왕의 상징인 익선관을 세자의 머리에 직접 씌워 주었다. 이에 세자는 더는 부왕의 뜻을 거역할 수 없었다.

1418년 8월 10일, 마침내 경복궁에서 새 임금의 즉위식이 열렸다. 태종은 세자의 손을 잡고 어좌로 인도했다. 충녕 왕세자는 부왕에게 예를 갖추고 옥좌에 앉았다. 근정전 뜰에 늘어선 \*문무백관이 새 임금에게 충성하는 만세를 불렀다. 이로서 조선 제4대 임금으로 충녕 왕세자가 왕위에 오른 것이다. 그의 나이 22세였다.

　　세자에게 왕위를 물려준 태종은 \*상왕이 되었다.

　　"내가 상왕으로 물러나지만 병권에 관한 일만은 내가 직접 맡아 볼 것이다."

　　병권이란, 군을 \*편제하고 통제할 수 있는 권한을 말한다. 태종은 새 임금이 나이가 어리고, 나라의 힘이 아직 튼튼하지 않기 때문에 병권만은 자신이 쥐고자 한 것이었다.

　　임금이 된 세종은 모든 정사를 상왕인 태종에게 먼저 보고하고 의논하여 처리하였다. 어쩌면 진짜 왕이 되는 것을 배우는 견습 왕이나 다름없었다.

　　태종은 새 임금 시대에 태평성대를 이룰 수 있도록 세종을 보살폈다. 기회 있을 때마다 세종에게 이렇게 일렀다.

　　"역사에 지은 모든 죄는 내가 짊어지고 갈 터이니, 주상은 성

---

\*문무백관 : 문관과 무관의 모든 벼슬아치.
\*상왕 : 자리를 물려준 살아 있는 전왕. 태상왕.
\*편제 : 어떤 조직이나 기구를 편성하는 일. 또는 그 조직이나 기구.

##  조선의 기틀을 다진 태종

태종(1367~1422, 조선의 제3대 왕. 재위 1401~1418) 이름은 방원. 태조의 제5남으로 어머니는 신의왕후 한씨이다.

1392년(고려 공양왕 4) 신진 세력을 모아 구파 세력의 거두인 정몽주를 제거하는 데 큰 역할을 하였으며, 이 해 조선이 개국되자 정안군에 봉해졌다. 1, 2차 왕자의 난을 일으켜 형인 정종으로부터 왕위를 물려받아 조선 제3대 왕이 되었다.

태종은 즉위하자마자 개국 초기의 나라의 기틀을 잡는 데 주력했다. 사병을 없애고 병권을 통일하였으며, 호패법을 실시하여 나라의 기강과 안정을 꾀하였다. 1403년 《동국사략》《고려사》를 편찬하였고, 1402년 신문고를 두어 억울한 일이 있는 자는 북을 쳐 호소하게 함으로써 민원을 처리했다.

태종은 통찰력이 뛰어나고 예리한 인물이었다. 형제와 싸워 피를 흘리며 왕위에 오른 만큼, 개국 초기 나라의 기반을 확립하는 데 온 힘을 다하였다. 다음 대의 세종이 나라를 여러 방면에서 크게 발전시키고 태평성대를 이룰 수 있었던 것은 태종이 그만큼 나라의 기반을 튼튼하게 한 업적이 있었기 때문이다. 1418년 세자(세종)에게 선위하고 상왕이 되었으며, 1422년(세종 4) 5월 10일 56세 일기로 승하하였다. 능은 헌릉(서울시 서초구 내곡동), 묘호는 태종이다.

**헌릉**
조선의 기틀을 다지는 데 큰 업적을 남긴 태종의 능이다. 왕비인 원경왕후의 능과 함께 있다. 서울시 서초구 내곡동에 있다.

**창경궁 전경**
태종이 상왕으로 물러나자 세종은 수강궁을 지어 태종을 그곳에 머물도록 하였다. 성종 때 수강궁터에 창경궁을 새로 지었다.

군으로 역사에 그 이름을 *만세에 남기도록 하라."

그리고 형제간의 우애를 두텁게 하기 위해서 왕세자에서 폐위되어 쫓겨난 양녕대군과 둘째 효령대군을 불러 위로하였으며, 세종과는 자주 궁 밖으로 놀이를 나가기도 하고 사냥을 떠나기도 하였다.

1422년(세종 4) 4월 22일, 태종과 세종은 동대문 밖에 나가 매사냥을 하고 돌아왔는데 이날 궁에 돌아온 태종은 아파 눕게 되

*만세 : 아주 오랜 세대. 영원한 세월.

었다. 그리고 병세가 갑자기 악화되어 5월 10일, 56세 일기로 승하하여 파란만장한 생애를 마쳤다.

 **왕의 묘호 '조'와 '종'은 어떻게 다른가?**

묘호는 임금들이 죽은 후에 신주를 모시는 종묘의 사당에 붙이는 칭호이다.
왕조 시대에는 벼슬을 하는 관리나 일반 백성 모두 왕의 이름을 부르지도 쓰지도 못했다. 살아서는 '주상'이나 '전하', '상감마마'로 불리고 죽은 후에는 묘호로 불린다. 그러니까 세종, 태조 같은 이름은 묘호인 것이다.
묘호는 죽은 후에 조정에서 의논하여 붙이는데, 그때 '종'으로 할 것인가, '조'로 할 것인가를 결정한다. 창업이나 공이 많은 왕에게는 '조'자를 붙이고, 덕이 있는 왕에게는 '종'자를 붙인다. 조선시대 27명의 왕 중, 태조, 세조, 선조, 인조, 영조, 정조, 순조 등 일곱에게는 '조'자를 쓰고 나머지 왕에게는 모두 '종'자를 썼다. 그런데 처음에는 '종'으로 쓰였다가 나중에 '조'로 바뀐 왕도 있다. 영조와 정조는 영종과 정종이었다가 바뀌었으며, 인조는 열종이었는데 인조로 고쳐진 것이다. 왕의 자리를 끝까지 지키지 못하고 폐위된 연산군과 광해군은 묘호가 없이 왕이 되기 전의 왕자의 신분으로 불린다.

### 만 권의 책을 읽다

세종은 왕의 자리에 오른 후에도 책읽기와 공부를 게을리하지 않았다.

세종이 얼마나 책을 가까이 하고 좋아하였을까?

이런 일화가 있다.

세종이 임금 자리에 오르자 지방의 벼슬아치들이 저마다 특산물을 꾸려 가지고 찾아왔다. 새 임금을 축하하는 *진상물을 바치는 것이다.

어느 날, 함경도 감사가 산 사슴 한 쌍을 잡아 가지고 왔다.

"주상전하. 예로부터 *태평성세에는 기린이 났다고 하였사옵니다. 사슴은 기린과 짐승 중의 명물이오니 뜰에서 애완으로 삼으시기 바라옵니다."

세종은 한 쌍의 사슴을 쓸어 보이며 말했다.

"참으로 귀여운 사슴이로다. 하지만 과인이 어찌 이 사슴을 애완으로 기르겠소. 과인에게는 짐승보다 더 사랑하는 책이 있소. 책을 사랑하기에도 시간이 모자라 안타까운데 이런 사슴까지 사랑할 겨를이 있겠소. 도로 가지고 가서 산에 놓아 주오."

"전하, 망극하옵나이다."

*진상물 : 지방에서 나는 물건을 임금에게 바치는 물품.
*태평성세 : 성군이 다스리는 시대.

함경도 감사는 조아린 머리를 들지 못하였다.

소문을 들은 벼슬아치들은 진상물을 무엇으로 해야 할지 걱정을 하였으며, 대궐문으로 들어오던 진상의 발길도 뜸해졌다고 한다.

세종은 또 아무리 정사가 바빠도 경연을 열었다. 경연에 읽을 책이 정해지면 *유신들에게 그 책을 반드시 읽고 난 다음 경연에 나오도록 하였다.

"경연이 책을 읽는 형식에 치우치면 안 되오. 공부하는 데 정성을 들여 그 내용을 이해해야 얻는 것이 있을 것이오."

세종은 경연을 위한 공부를 형식적으로 하는 것을 몹시 싫어하였다. 그래서 유신들은 임금 앞에 나아가 *진강하는 것을 어

 **하루도 빠짐없이 하는 임금의 경연**

고려·조선시대에 임금이 학문을 닦기 위해 학식과 덕망이 높은 신하를 불러 경서(유교의 경전)와 사서(역사에 관한 책)를 공부하는 일이다. 세종은 즉위한 뒤 약 20년 동안 꾸준히 경연에 참석하였으며, 성종은 재위 25년 동안 거의 매일 경연에 참석하였다. 강의를 맡은 신하가 책을 읽고 설명하고 나면 왕이 먼저 질문하고 다른 참석자들도 의견을 내어 토론하였다.

*유신 : 유학에 조예가 깊은 신하.
*진강 : 임금 앞에 나아가 글을 강론함.

려워하였다.

 임금이 된 후 가장 먼저 경연을 한 책은 《대학연의》였는데, 박은, 변계량, 이지강, 하연, 이수 등 학문과 경륜이 높은 신하들이 참여하였다. 《대학연의》는 왕이 될 사람은 반드시 읽어야 하는 책으로, *수신제가를 역설한 책이다. 세종은 마흔 권이 넘는 이 책을 4개월 만에 다 읽었으며, 그 후에도 여러 번 읽기를 거듭하였고, 주위의 신하들에게 선물로 주며 읽기를 권하였다.

 세종은 자신이 책을 좋아하는 만큼 다른 사람에게도 책읽기를 적극적으로 권하였으며, 집현전 학사들이 책을 제대로 읽고 있는지도 살폈다.

 "집현진 학사들은 독서를 하면서 의심나는 것이 없는가? 나는 책을 꼼꼼히 읽으니 의심나는 것이 여러 곳 있다."

 이는 독서를 할 때 건성으로 하지 말고 정신을 집중해서 글의 내용을 파악하고 이해하라는 뜻이었다.

 그리고 집현전 학자 정인지에게 유교 책들을 필사하도록 하였으며, *성균관, *교서관 등에 나누어 주어 읽도록 하였다.

 이렇게 손에서 책을 떼지 않고 공부하는 세종은 평생에 만 권의 책을 독파하였으며, 독서를 통하여 무궁한 지식과 날카로운

*수신제가 : 마음과 몸을 닦고 집안을 다스림.
*성균관 : 조선시대 유학의 교육을 맡아보던 곳.
*교서관 : 조선시대에 유교 경전의 인쇄나 교정 따위를 맡아보던 곳.

지혜를 갖추었다. 세종은 학문을 익히고 그 이치를 지식으로만 알고 있는 것이 아니라 책에서 익히고 배운 것을 실천하였다. 인재를 중하게 여기고 허물을 감싸 안으며 포용하는 리더십도 그중에 하나이다. 그런 리더십은 즉위 초기에부터 나타났다.

### 신하의 허물을 감싸는 임금

1422년(세종 4) 10월, 세종은 황희를 의정부 *좌참찬에 임명하였다. 소식을 들은 조정 대신들은 모두 놀라며 의아해하였다. 그도 그럴 것이 황희는 세종이 세자로 책봉되는 것을 끝까지 반대하다가 태종 때 귀양을 간 사람이었다. 그런 황희를 왕이 된 세종이 다시 부르니 어찌 놀라지 않을 수 있을까.

신하들이 세종에게 지난날 황희의 잘못을 들추며 간청하였다.

"전하, 황희의 *불충은 세월이 지났다 하여 용서될 수 있는 죄가 아닙니다. 좌참찬 임명을 거두어 주십시오."

"그렇지 않소. 황희는 우리 왕조를 위해서 3대째 임금을 받들어 왔소. 그의 인물됨은 과인이 어렸을 때부터 보아 잘 알고 있는데 무엇이 더 걱정되겠소."

*좌참찬 : 정이품 벼슬로 영의정, 좌의정, 우의정을 보좌하면서 국정에 참여했다.
*불충 : 충성스럽지 아니함.

황희는 태조 때부터 정종, 태종에 이르기까지 충성을 다하여 임금을 받들었으며, 세종도 어렸을 때부터 오늘에 이르기까지 가까이 지내온 것은 세상이 다 아는 사실이었다. 조정의 여러 신하들은 그러기에 더욱 황희를 임금 곁에 두어서는 안 된다고 간청하였다.

"전하, *종묘사직을 받드는 중대사를 맡기는 데는 사사로운 인정에 끌려서는 아니 되는 줄 압니다. 전하께서도 황희가 어찌하여 귀양을 갔는지 잘 아시지 않습니까?"

신하들은 쉽게 물러서지 않았다.

세종은 신하들을 둘러보며 큰 소리로 웃었다.

"하하하. 과인이 어찌 그걸 모르겠소. 그것을 누구보다 잘 알기에 그를 다시 부른 것이오."

"전하, 무슨 말씀이신지요?"

"자기 한 몸보다 나라의 앞일을 더 걱정한 그런 신하를 버린다면 과인이 누구와 더불어 종묘사직을 지켜 나가겠소."

"전하, 망극하옵나이다."

신하들은 더 말을 못하였다.

*종묘사직: 왕실과 나라를 아울러 이르는 말.

황희는 너그럽고 온후하였으며, 청렴하고 학덕이 높았다. 또한 힘없고 가난한 백성을 *긍휼히 여겼으며, *노비들에게도 함부로 대하지 아니하였다.
　황희에 대한 일화이다.
　어느 날, 황희가 조용히 의논할 일이 있어 한 관리를 데리고 집으로 오게 되었다.
　황희가 대문으로 들어서자 마당에서 놀던 네댓 살짜리 아이들 몇이 우르르 달려왔다.
　"할아버지!"
　아이들은 황희의 옷자락과 팔 소매에 매달렸다. 아이들은 맨발에 흙먼지가 잔뜩 묻은 손이었다.
　황희는 그중 한 아이를 번쩍 들어 안았다.
　"오냐, 오냐. 허허 이 녀석들 손발 좀 보게. 까마귀가 왔다가 울고 가겠네."
　황희는 아이들의 더러워진 손을 닦아 주고 옷에 묻은 흙먼지도 털어 주었다.
　"아이들이 장난이 심한 모양입니다."
　따라온 관리는 아이들이 정승 집 손자들답지 않게 차림새가

*긍휼: 불쌍히 여김. 가엾게 여겨 도움.
*노비: 사내종과 계집종.

단정하지 못하여 한 소리하였다.

"아이들이니 그렇지."

황희는 더러워진 아이들을 탓하지 않았다.

방으로 들어온 황희가 관리와 이야기를 나누려고 하는데 아이들이 또 따라 들어와 황희의 무릎과 어깨에 올라앉으며 까불어 댔다.

"할아버지, 목말 태워 줘."

아이들은 무릎에 서로 앉으려고 하는가 하면 목을 그러안고, 팔에 매달리고, 등을 타고 올랐다.

"애야, 할아버지 목 떨어질라."

황희는 한 아이를 안아 무릎에 앉혔다. 그러자 아이들이 저마다 무릎에 앉으려고 하였다.

"허허, 이렇게 모두 앉으면 할아버지가 손님하고 얘기를 나눌 수 없지 않느냐."

황희는 아이들을 차례대로 무릎에 앉혀 주고 안아 주었다.

"자, 이제 손님하고 얘기해야 하니 나가 놀아라."

그러자 아이들이 큰 소리로 대답하고 나가 버렸다.

관리는 아이들이 할아버지를 몹시 따르고 할아버지도 손자들

**조선시대 가장 뛰어난 재상 황희**

황희(1363~1452)는 조선 초기의 문신으로, 태조, 정종, 태종, 세종 대에 이르는 동안 18년간이나 영의정을 지낸 명재상이다. 1376년(고려 우왕 2) 음보로 관직에 나선 후 1389년(창왕 1) 문과에 급제하고 성균관 학관이 되었다. 고려가 망하자 두문동에 들어가 은거하였으나 조선 태조의 간청으로 다시 조정으로 돌아왔다. 양녕대군을 폐하고 충녕대군이 세자로 책봉되자 이를 반대하여 유배되었다.

이후 1422년(세종 4) 그의 인물됨을 알고 있는 세종이 다시 등용하였다. 태종은 황희를 '그는 공신이 아니지만 나는 그를 공신처럼 대우하고, 하루라도 접견하지 않으면 안 된다'고 할 정도로 극진히 예우하였고, 세종은 황희를 가장 신임하여 태평성대의 발전과 안정을 가져왔다. 조선 초기 농사의 개량, 예법 개정 등 문물제도를 새로이 만들고 정비하는 데 큰 공을 세웠으며, 성품이 강직하지만 원만하고 청렴하여 '청백리록'에 올라 후세의 추앙을 받았다.

을 귀하게 여긴다고 생각했다.

"영상께서는 친손자들이 많으십니다."

"아니야."

"그럼 친손자와 외손자들이군요."

"맞아. 우리 집 하인들의 아이들이니까."

"예, 하인들 아이들이라고요?"

관리는 깜짝 놀랐다. 양반들은 종의 자식들은 감히 그 앞에

얼씬거리지도 못하게 하는데, 하물며 *만인지상의 영의정 대감 앞에 하인들의 자식들이 친손자보다 더 버릇없이 구니 어찌 놀라지 않을 수 있는가.

"영상께서는 어찌 종의 자식들에게 그런 버릇을 붙이시나이까?"

"허허. 어쩌겠나. 아이들이 할아버지라고 따르는걸."

"하지만 정승의 체면이 있지 않으십니까?"

"정승의 체면이라고? 정승은 나라의 정승이지 아이들의 정승인가!"

"예, 하지만 그 아이들이 자라서도 정승을 업신여기면 *반상의 기강이 서겠습니까?"

"글쎄, 그때 내가 정승 구실을 못해서 업신여김을 당할 수는 있겠지만 사람답지 못하다는 업신여김은 받지 않겠지."

"……"

관리는 그만 말문이 막혔다.

이런 황희는 조선 왕조에서 18년 동안 영의정을 지냈으며, 세종에게 가장 신임받는 재상이었다. 또한 *청백리로 후세에 길이 추앙을 받았다.

*만인지상 : 영의정, 좌의정, 우의정 등 높은 벼슬을 이르는 말.
*반상 : 양반과 상민.
*청백리 : 조선시대 조정에 의해 선정된 청렴결백한 벼슬아치.

### 장수를 사랑하는 임금

세종의 학문은 어느 한 곳에 치우치지 않았다. 유학 사상을 근본으로 정치·도덕은 물론 과학, 음악, 어학, 풍수지리에 이르기까지 다양한 책을 독파하여 높은 지식을 쌓았다. 이렇게 책을 많이 읽는 임금이라서 혹시 군사적인 부문에는 소홀히하지는 않았을까? 그렇지 않았다. 세종은 일찍이 *병학을 공부하여 병법 이론에도 능하였다.

세종이 즉위한 원년(1419)에 큰일이 일어났다. 5월 5일 *왜구의 배 50여 척이 도둔곶(지금의 충남 서천)에 나타나 노략질을 하였으며, 13일에는 연평곶에 38척이 침입하였다. 왜구가 우리 땅을 침범하여 노략질을 한 것은 고려 말엽부터로, 나라의 큰 걱정거리였다.

이때 군사에 대한 권한을 쥐고 있던 태종은 재빨리 대책을 세워 도둔곶에 침입한 왜구를 물리쳤다. 그러나 연평곶에 나타난 왜구가 문제였다. 왜구들은 조선을 침입하려고 한 것이 아니라 명나라로 쳐들어가는 길에 길양식(군사들이 이동하면서 필요한 양식)이 필요하다는 변명이었다. 그렇다면 그들의 본거지인 대마도는 텅 비어 있을 것이다. 태종은 이때를 놓치지 않고 대마

*병학 : 병법에 관한 학문. 군사학.
*왜구 : 13~16세기에 중국과 우리나라 바다를 무대로 약탈을 일삼던 일본 해적.

도를 정벌할 계획을 세우고 이종무에게 군사를 지휘하도록 하였다.

이때 젊은 임금 세종은 좌의정 박은과 우의정 이원에게 이렇게 말하였다.

"왜구가 조선을 침입한 것은 고금에도 빈번했던 일이오. 그때마다 우리는 잎만 뜯어 버리고 말았지요."

"전하, 잎만 뜯었다는 것은······."

"농부가 논밭의 풀을 뿌리째 뽑아 버리지 않고 잎만 뜯어 버렸다는 것이오."

이는 이번에 대마도를 정벌하여 왜구의 뿌리를 뽑아 나라의 근심 걱정을 영영 없애야 한다는 말이었다. 이처럼 세종은 즉위 초기 비록 상왕 태종의 도움을 받고 있었지만, 병법에 대한 전략과 과감한 결단력을 지니고 있었다.

이런 세종의 군사적인 결단력은 1433년 파저강(압록강 상류의 한 강줄기) 일대의 *야인을 몰아 내고, 김종서 장군으로 하여금 두만강을 국경으로 하는 *육진을 개척한 데서도 잘 드러나고 있다. 그리고 먼 *변방에 나가 나라를 지키고 싸우는 장군과 군졸들을 어버이 같은 마음으로 사랑하고 어루만져 주었다.

*야인 : 10세기 이후 만주 동북주에 살던 민족. 수렵과 목축을 주로 하였다. 발해가 망한 후에 거란족의 요나라에 속하였다가 1115년에 금나라를 세웠으며, 뒤에 청나라로 발전하여 중국을 통일하였다.
*육진 : 세종 때에 북방에 설치한 여섯 진. 경원·경흥·부령·온성·종성·회령의 여섯 곳에 둠.
*변방 : 나라의 경계가 되는 변두리의 땅. 변경.

**대마도 정벌도**
이종무 장군이 대마도를 정벌하는 그림. 경기도 여주 영릉에 있다.

1433년(세종 15), 5월 어느 날이었다.

아침 일찍 영의정 황희는 세종의 부름을 받고 내전으로 들어갔다.

"영상, 영상의 생각에는 최윤덕 장군을 어떻게 맞이하면 좋겠소?"

"전하, 무슨 말씀이신지요?"

황희는 세종의 말뜻을 얼른 헤아리지 못하였다.

당시 북방의 두만강 압록강 변방에는 야인들의 침입이 끊이지 않았다. 수백 명이 말을 타고 국경을 넘어와 농민들의 가축을 잡아가고 살생을 일삼았다. 하루가 멀다 하고 야인들의 노략질에 대한 보고가 속속 올라왔다.

세종은 진노했다. 조정 대신들을 불러모았다.

"과인은 북쪽 변방의 백성을 생각하면 밤에도 잠을 이룰 수 없소. 이 근심이 어제오늘의 일이 아니오. 이제 더 이상 내일의 근심으로 삼을 수 없소."

세종은 이번에야말로 궁벽한 북방 백성의 근심을 없애 주어야 한다고 결심했다.

1433년(세종 15) 2월, 세종은 조정에 파저강 일대의 야인들을 토벌할 방책을 세우라고 명했다. 최윤덕을 평안도 도절제사로 삼고, 군무를 총괄하는 도진무에 김효성 *호조참의를 임명하였다.

최윤덕은 군사 3천 명을 이끌고 출정하였다. 변방에 도착한 최윤덕은 야인의 동태를 일일이 세종에게 보고하고, 군사 1만 명을 증원해 줄 것을 요청하였다. 세종은 즉시 군사를 증원해 주고, 최윤덕이 보내온 보고 내용을 신하들과 의논하였다. 그리고 마침내 3월 27일 오랑캐를 토벌하는 교지를 내렸다.

"4월 풀이 돋을 때까지 기다려 군사를 움직여라."

4월 19일 새벽, 최윤덕은 야인들이 단오절을 맞아 놀이에 정신이 팔린 때를 노려 일제히 공격하였다. 결과는 대승이었다.

*호조참의 : 조선 때 호조의 정삼품 벼슬. 호조는 육조 가운데 호구, 공물이나 세금, 농사 등에 관한 일을 맡아 보던 관아.

이렇게 북방의 야인을 토벌한 최윤덕 장군이 며칠 후 도성으로 입성하게 되는 것이다.

"최윤덕 장군과 군사들의 공로가 크지 않소."

황희는 그제야 세종의 말뜻을 알아차렸다.

"전하, 공로를 치하하는 예식을 차려야 한다고 봅니다."

"과인의 생각에는 원정군이 입성하는 날 과인이 성 밖까지 나가 맞으려 하는데 어떠하오?"

"전하께서 몸소 성 밖까지 나가신다는 말이옵니까?"

"그렇소."

"전하, 그건 주상전하의 위엄에 맞지 않는 지나친 거동이시옵니다."

"어째서요? 천 리 밖 험한 변방에서 그들이 세운 공이 큰데, 그들을 위로하고 격려하는 일에 어찌 임금의 위엄만을 생각하겠소?"

"전하, 이번 원정은 외적의 침입이 아니라 변방의 도적 무리를 물리친 것이옵니다. 그러니 도승지로 하여금 나가 맞이하는 게 좋을 듯하옵니다."

황희가 간곡하게 청하자 세종은 머리를 끄덕였다.

"영상의 생각이 그렇다면 과인이 나가서 맞는 일은 그만두기로 하겠소. 그러면 그들에게 어떤 상을 내리면 좋겠소?"

"승전을 축하하고 군사들을 위로하는 잔치를 베푸는 것이 좋을 듯하옵니다."

"그게 좋겠소. 잔치에 참가하는 장수들에게 새 옷을 지어 입히고 새 신발도 지어 신기여 잔치에 참가하게 하시오. 그리고 군사들에게는 쌀과 콩을 세 말씩 주는 것이 좋겠는데, 어떻소?"

"전하, 그렇게 많은 양곡을 낸다면 나라의 재정에 큰 부담이 되지 않겠습니까. 이번 원정에 나선 군사는 일만여 명이나 됩니다."

"영상은 어찌 재정 부담을 걱정하오. 재물은 있다가도 없어지고 없다가도 생기게 되는 것이오. 나라를 위한 충성은 재물을 주고도 살 수 없는 것이오."

"전하, 지당하신 말씀이옵니다."

황희는 세종의 명을 받아 승전 잔치를 준비하였다.

5월 28일, 경복궁 근정전 넓은 뜰에서 승전을 축하하는 잔치 준비가 끝났다.

세종은 근정전에 나오기 전에 황희에게 물었다.

"잔치에 빠진 사람 없이 다 왔소?"

"예, 모두 참석하였는데 김효성 장군만이 좀 늦게 올 것 같습니다."

"김효성 장군이 어째서요?"

"그곳 군영에 처리할 일이 있어서 어제 입성하지 못하고 방금 도착하였다고 하옵니다."

"그렇다면 왜 참석하지 못한다는 거요?"

"김효성 장군이 이번 잔치에 참석하지 못하는 줄 알고 그의 옷과 신발을 마련하지 못했습니다. 그래서 집으로 돌아가 새 옷을 입고 참가하라고 하였습니다."

"과인이 장수들에게 새 옷을 해 입혀 연회에 참가하게 한 것은 그들에게 과인의 보답을 표하고자 한 것인데 어찌 그에게만 미치지 못하게 하였소?"

"전하, 후에 지어 주기로 하였습니다."

"아니오. 후에 지어 준다면 그에 대한 과인의 성의가 식을 것이오. 그러니 내전에 가서 과인의 옷과 목 긴 신발을 내어 주시오. 그것을 입고 참석할 수 있도록 하시오."

"전하, 어찌 감히 전하께서 쓰시는 것까지……."

"지금 과인은 그들에게 나의 살점이라도 떼어 주고 싶은 마음이오."

"전하……."

황희는 말문이 막혔다.

세종은 환관을 시켜 급히 옷과 신발을 가져오도록 하였다. 그리고 김효성이 입궐하자 그를 반갑게 맞이하고 옷을 입고 신발을 신게 한 다음 함께 연회장으로 나갔다. 뜻밖의 크나큰 영광을 입게 된 김효성은 물론 모든 장수들과 군사들은 감격하여 눈물을 흘렸다.

연회가 시작되자 세종은 왕세자(훗날 문종)에게 술잔을 들리어 모든 장수에게 술을 따라 주게 하였다. 원정군을 지휘한 최윤덕 장군 차례가 되었다. 세종은 만면에 웃음을 지으며 몸소 최윤덕에게 권하였다.

"최윤덕 장군, 잔을 받으시오."

임금이 몸소 술잔을 들고 자기 앞으로 다가오자 최윤덕은 어쩔 줄을 몰라 했다. 그는 황송한 마음에 절을 하고 일어나 잔을 받으려 했다.

"장군, 일어나지 마오."

세종이 부드러운 목소리로 말했다.

"전하."

최윤덕은 감히 앉지 못하였다.

"어서 앉으오. 신하의 예도 무겁지만 나라를 위한 공을 더 무겁게 여기는 과인의 뜻에 따라 앉아 주오."

"전하, 성은이 망극하옵나이다."

최윤덕은 세종의 명에 더 엇설 수 없어 자리에 앉아 잔을 받았다. 술잔을 받아든 그의 손은 떨리었고, 어깨는 들먹거렸다.

"전하, 이 세상 고금전래에 어찌 이런 *불경이 있으오리까. 오늘 소신이 받아 안은 이 불경함을 기어이 전장에서 씻으오리다."

최윤덕은 술잔을 든 채 흐느껴 울었다.

하늘과도 같은 *군주가 한 장수를 섬기는 사랑을 모두가 느끼고, 군주를 향한 장수의 충성스런 섬김을 한눈에 볼 수 있는 장면이었다.

다음 날, 세종은 전쟁에서 희생된 군사들의 혼을 달래는 초혼

### 활 잘 쏘는 명장 최윤덕

최윤덕(1376~1445)은 조선 초기의 무신으로, 1433년(세종 15) 파저강 일대의 야인을 토벌한 장수로 유명하다. 청년 시절부터 아버지를 따라 전장에 나가 무공을 세웠으며, 1410년(태종 10) 무과에 급제하였고, 북방에 나가 야인들의 침입을 막았다. 1419년(세종 1) 이종무와 함께 대마도 정벌에 공을 세우고 1421년 공조판서가 되었으며, 이후 병조판서가 되고, 파저강 야인을 토벌한 공으로 우의정에 올랐다. 이듬해 변방에 적이 침입하자 평안도 도안무찰리사로 나가 적을 진압하였으며, 1435년 좌의정으로 승진했다. '활을 잘 쏘는 장수'로 유명했다.

*불경: 존엄해야 할 자리에서 무례함.
*군주: 임금.

제를 지내 주었다. 그리고 그들의 가족들을 위로하고 곡식과 옷감을 보내고, 초혼제에 참석한 군사들에게 이렇게 말했다.

"희생된 가족을 찾아가 과인을 대신하여 전해 다오. 나라 위해 한 몸 바친 군사들의 공훈을 결코 헛되이 하지 않을 것이라고……."

세종은 남모르게 눈물을 훔쳤다. 그 눈물을 장수와 군사들이 보고 모두 땅에 엎드렸다.

"전하, 소인들은 전장에 나가 결코 뒤를 돌아보지 않을 것이옵니다."

# 집현전의 불빛

### 백성을 하늘처럼 섬기다

1420년(세종 2) 3월, 세종은 집현전을 궁궐 안에 두어 규모를 확장하도록 하였다. 집현전은 모을 집(集), 어질 현(賢), 큰 집 전(殿)으로, 어진 것을 모으는 '지혜의 집'이라는 뜻이다.

세종은 조선시대 때 정치, 문화, 과학 등 나라를 다스리는 모든 분야에서 가장 찬란한 업적을 남긴 임금이다.

이렇게 나라를 바르게 통치할 수 있었던 것은 유교의 가르침을 정치의 근본으로 삼아 임금과 신하간의 의로움이 돈독했고,

세종과 신하들이 머리를 맞대고 열심히 학문을 연구하고 탐구하였기 때문이다. 그리고 배운 학문을 머리 속에 지식으로만 가지고 있지 않고, 나라를 다스리고 발전시키는 데 행동으로 실천한 덕분이다.

집현전은 바로 유학을 공부하는 최고의 학문 연구 기관이었으며, 국가를 운영하는 토대를 마련하는 연구소였다. 집현전의 신하들과 학사들은 국가를 운영하는 여러 가지 의례와 제도를 만들고, 젊은 인재를 양성하고, 많은 책을 편찬하고 수집하였으며, 임금이 생각하는 정책을 연구하고 자문하였다.

세종은 정인지, 성삼문, 신숙주, 최항, 박팽년, 이개, 하위지, 유성원 등 젊은 문신들을 전임학사로 임명하고, 박은, 변계량, 이원, 유관 같은 학문이 높은 신하들을 학사로 겸임하도록 하였다. 집현전의 관원 수를 늘리고, 지원도 아끼지 않았다. 학사들은 아침 일찍 집현전에 나와 저녁 늦게까지 공부를 하는데, 점심과 저녁을 궁궐에서 마련하여 잘 먹이도록 하여 공부하는 시간을 조금이라도 아끼도록 하였다.

학사들은 마음껏 학문을 연구할 수 있는 것을 크나큰 영광으로 여기고 임금의 기대에 보답하기 위해 밤을 새워 책을 읽고

**수정전**
세종 때 집현전이 있던 자리. 집현전은 인재를 양성하고 학문을 연구하던 곳으로, 우리 민족 문화의 체계를 이루고 완성하는 데 큰 역할을 했다.

공부하였다.

　세종은 학사들과 읽은 책을 토론하고, 나라의 정책을 의논하였다. 정치, 역사, 윤리, 천문, 지리, 의학, 과학, 음악, 언문, 농업에 이르기까지 어느 한 분야도 놓치지 않고 연구해야 한다고 간곡히 일렀다.

　세종이 집현전 학사들을 얼마나 아끼고 사랑하였는지, 성삼문과 신숙주에 대한 일화가 있다.

1420년 어느 초겨울 밤이었다.

성삼문은 숙직 당번으로 집현전에서 자게 되었다.

성삼문은 초저녁부터 촛불을 켜 놓고 책을 읽고 있었다. 밖에서는 찬바람이 쌩쌩 불었다.

밤이 깊은 줄도 모르고 성삼문은 책 속에 빠져 있었다.

"계십니까?"

누군가 밖에서 찾는 소리가 들렸다. 몇 번의 부름 끝에 성삼문은 책에서 눈을 떼었다.

"누구시오?"

"대전 내관이옵니다."

문을 열고 보니 임금을 모시는 환관이었다.

"어떻게 오시었소?"

"전하께서 어느 학사가 숙직인지, 방은 차지 않은지 알아보고 오라고 하셨나이다."

"전하께서는 아직 주무시지 않으오?"

"예."

"그대는 어서 전하께서 주무시도록 하시오. 그리고 오늘 숙직 학사는 성삼문이고 방은 덥다고 아뢰어 주시오."

"알겠소이다."

환관은 급히 어둠 속으로 사라졌다.

성삼문은 천천히 뜰로 내려왔다. 임금이 계시는 내전에 불빛이 새어 나왔다.

성삼문은 그곳을 바라보며 움직일 줄 몰랐다. 집현전에 대한 세종의 각별한 관심과 신하에 대한 염려에 성삼문의 가슴은 뜨거워졌다.

성삼문은 다시 방으로 들어와 책을 펴 들었다. 한 줄 한 줄 내용이 머리 속에 또렷이 새겨졌다.

어느덧 새벽 첫닭 울음소리가 들려왔다.

이때였다.

"주무시지 않습니까?"

환관이 또 찾아왔다.

"왜 그러시오?"

"전하께서 아직 주무시지 않는가 알아보고 오라 하셨습니다."

"뭐라고요?"

성삼문은 가슴이 뭉클하여 더 말을 잇지 못하였다.

"학사님, 이제라도 불을 끄고 주무십시오. 전하께서도 주무셔야 하지 않습니까?"

"알았소. 자겠소."

성삼문은 목멘 소리로 말하고 방 안으로 들어와 촛불을 끄고 자리에 누운 다음 이불을 끌어 푹 뒤집어썼다. 환관의 발자국 소리가 멀어져 갔다. 성삼문은 다시 일어나지 못하고 이불 속에서 뜨거운 눈물을 훔쳤다.

어느 추운 겨울밤이었다.

밤이 이슥했다. 책을 읽고 있던 세종이 환관에게 집현전 숙직이 누구인지 알아보라고 하였다.

환관이 집현전에 가 보니 신숙주가 책을 읽고 있었다.

"전하, 신숙주 학사가 독서를 하고 있습니다."

"신숙주는 *직제학 신장의 아들이지 않느냐?"

"그러하옵니다."

"신숙주가 아비를 닮아 공부를 열심히 하는구나."

한참이 지난 후, 세종은 환관에게 다시 가 보라고 하였다. 환관이 가 보니 신숙주는 여전히 책을 읽고 있었다.

"허허, 몸이 상하지 않을꼬."

*직제학 : 조선시대에 집현전의 종삼품과 예문관, 홍문관의 정삼품 벼슬.

세종은 환관을 거느리고 집현전으로 향했다. 안에서 글 읽는 소리가 들렸다. 세종은 신하의 공부하는 모습을 어여삐 바라보았다. 한참 시간이 흘렀을 때 글 읽는 소리가 뚝 그쳤다. 세종은 살그머니 문을 열고 안으로 들어갔다. 신숙주는 책상에 구부린 채 잠이 들어 있었다. 잠시 눈을 붙이고 다시 책을 읽으려고 한 모양이었다. 세종은 입고 있던 수달피 웃옷을 벗어서 신숙주의 어깨 위에 덮어 주었다.

### 집현전의 불빛은 꺼질 줄 몰랐다

고려와 조선 초기의 학문 연구 기관의 하나. 1136년(고려 인종 14) 영연전이 설치되었으나 별다른 업적은 없었고, 조선 개국 후 집현전으로 개칭하여 대학사와 학사를 두어 학문을 연구하게 했다. 1420년(세종 2) 세종이 집현전을 확장하여 유능한 젊은 학자들을 뽑아 유교 경전을 연구하고 간행하는 일을 맡도록 하였다. 또한 국가 운영에 대한 제도와 정책을 연구하도록 하여 나라를 발전시키고 바로잡는 데 큰 역할을 하였다. 집현전 학자들은 세종의 각별한 총애를 받았으며, 여러 가지 혜택도 누렸다. 그런 만큼 학자들은 밤낮 없이 맡은 일에 대해 책임을 다하였고, 정신적으로는 임금에 대한 충성심이 높았다.
《고려사절요》《태종실록》《세종실록》《삼강행실도》《오례의주상정》 등 많은 책을 편찬하였고, 세종을 도와 훈민정음을 창제하였으며, 훈민정음을 보급하기 위해 《훈민정음해례》《동국정운》《사서언해》 등을 편찬했다.

새벽에 잠에서 깬 신숙주는 자기 몸에 걸쳐 있는 수달피 옷을 보고 깜짝 놀랐다.

"아무래도 보통 사람이 입는 옷이 아닌데?"

그때 밖에서 환관의 목소리가 들렸다.

"학사님, 상감마마의 웃옷을 덮고 잤으니 도로 갖다 바쳐야 합니다."

"무어요? 어찌 된 것이오?"

"어젯밤 주상전하께서 들어오셨습니다."

신숙주는 황급히 어의를 받쳐 들고 내전을 향해 절을 올렸다.

"전하, 황공하옵나이다."

신숙주는 엎드려 일어설 줄을 몰랐다.

성삼문과 신숙주에 대한 이야기는 곧 궁궐에 퍼졌다. 젊은 선비들은 더욱 감격하여 공부에 열중하였다.

세종은 집현전 학사들이 마음놓고 독서를 할 수 있도록 '사가독서'를 실시하기도 하였다. 이는 집현전에 출근하지 않고 사가(집)나 독서당, 산사(절) 같은 곳에서 책을 읽는 휴가였다.

이렇게 열심히 책을 읽고 학문을 연구한 집현전 학사들은 여러 가지 사서와 실록, 유교 교육서, 실용서 등 많은 책을 편찬하였다.

《고려사》《고려사절요》《자치통감훈의》 등의 역사서, 《사서언해》《대학연의언해》《효행록》《삼강행실도》《오례의주》 같은 유교 경전과 유교 윤리에 관한 책, 《명황계감》《치평요람》 등 중국의 통치에 관한 책, 《신찬팔도지리지》《조선전도》 같은 지리 책, 《속육전》《신주무원록》 같은 법과 수사에 관한 책, 그리고 우리나라에서 나는 약초를 채집하고 약의 효능에 대해 연구한 《향약채취월령》, 약의 처방에 관한 연구를 한 《향약집성방》, 농사 방법을 연구한 《농사직설》 등과 같은 실용서를 펴냈다.

그리고 집현전의 빼놓을 수 없는 업적은 유신들과 학사들이 세종을 도와 '훈민정음'의 창제를 주도하였으며, 그 글자로 《용비어천가》《훈민정음해례》《동국정운》《사서언해》《월인천강지곡》 등을 편찬하여 새로 만든 글자를 보급한 것이다.

세종 시대에 이렇듯 많은 책들을 편찬할 수 있었던 것은 세종이 학문을 좋아하고, 끊임없이 공부를 하는 임금이었기 때문이다. 또 책을 편찬하는 데 그치지 않고 여러 권을 인쇄하여 종친

**집현전 학사도**
집현전 학사들은 세종의 적극적인 지원을 받으며 학문에 매진했다.

 **사가독서란 무엇인가?**

조선시대에 유능한 젊은 문신들을 뽑아 휴가를 주어 독서당에서 공부하게 하던 일. 이 제도는 변계량이 세종에게 주청하여 실시되었다고 하는데, 1426(세종 8) 12월 첫번째로 권채, 신석견, 남수문 등 3인이 사가독서를 하였다. 1442년(세종 24)에는 신숙주, 박팽년, 성삼문, 이개, 하위지, 이석형 등이 진관사에서 사가독서를 하였는데, 이를 '상사독서'라고 한다. 사가독서를 한 장소를 '호당'이라고 하는데 '동호'(지금의 서울 옥수동 근처의 한강 주변)에 있는 독서당은 '동호당', '남호'(지금의 서울 용산 근처)에 있는 것은 '남호당', '서호'(지금의 서울 마포 근처)에 있는 것은 '서호당'이라고 불렀다. 조선시대에 사가독서를 한 인물은 320여 명으로, 신숙주, 박팽년, 성삼문, 최항, 김안국, 김수온, 채수, 서거정, 강희맹, 노사신, 김일손, 조광조, 이황, 정철, 이이, 유성룡, 이항복, 이덕형 등 많은 인물들이 있다.

과 신하들, 지방 관아에 나누어 주어 많은 사람들이 읽도록 권장하였다.

### 백성을 하늘처럼 섬기다

세종은 백성을 사랑하는 임금이었다. '백성 없이 임금 없다'는 것을 스스로 실천하였고, 항상 백성의 편에서 정치를 하였다.

1426년(세종 8), 영의정 이직이 《속육전》을 펴냈다. 《속육전》은

**삼강행실도**
충신, 효자, 열녀 들의 이야기를 한글로 펴낸 책. 그림을 함께 그려 넣어서 글을 모르는 백성들도 쉽게 알아볼 수 있도록 하였다.

나라를 다스리기 위한 *법전이다. 고금을 통해서 법은 권력자에게는 약하고 힘없는 백성에게는 가혹하게 다스려져 왔다.

"백성들이 편안하고 안전하게 살 수 있도록 새로운 법을 마련하고, 백성에게 불리한 법은 뜯어고치도록 하시오."

벼슬아치들이 법을 악용하여 백성에게 위엄을 내세우고 억누르는 것이 아니라, 법을 이해하고 올바르게 지켜 백성들의 억울함이 없게 하도록 하였다.

"단 한 명의 백성이라도 하늘처럼 섬기고 받들어라."

힘없고 무지한 백성이 죄를 짓고 벌을 받기 전에 법을 어기지

*법전 : 국가가 제정한 법규를 체계적으로 정리하여 엮은 법규집.

않도록 가르쳤다.

  1432년(세종 14), 설순 등이 《삼강행실도》를 펴냈다. 이 책은 *삼강의 모범이 된 효자·충신·열녀에 대한 이야기를 일반 백성들에게 쉽게 가르치도록 그림을 넣어 펴낸 것이다. 그리고 삼강을 어긴 죄인은 무거운 벌을 내리고, 삼강을 실천한 효자, 충신, 열녀는 널리 뽑아 상을 주었다.

  세종은 죄를 지은 죄수라도 가혹하게 고문하거나 함부로 매를 치지 못하도록 하였다. 무지한 백성들이 고문으로 죄를 뒤집어쓰는 억울한 일이 많았기 때문이다. 비록 죽을죄를 지었다고 해도 삼심(한 가지 사건에 대하여 세 번의 재판을 받을 수 있도록 함)을 받게 하는 삼복법을 시행하였으며, 노비를 주인이 마음대로 벌주지 못하도록 하고 그 법을 어기면 처벌을 받도록 하였다.

  1438년(세종 20)에는 최치운에게 명하여 《신주무원록》을 펴내었다. 이 책은 '억울함을 풀어 주는 책'이라고 일컫는 법의학서로, 죽은 자를 과학적으로 검사하는 방법을 담고 있다. 이는 억울하게 죽은 사람은 죽어서라도 죄가 없음을 밝히려는 것이다.

  세종은 하루도 편히 쉬지 않고 일을 하였다. 나라를 생각하고

---

*삼강 : 유교의 도덕에서 기본이 되는 세 가지 강령. 임금과 신하, 부모와 자식, 남편과 아내 사이에 마땅히 지켜야 할 도리로 군위신강, 부위자강, 부위부강을 이른다.

백성을 생각하는 마음은 낮이나 밤이나 쉼이 없었으며, 늘 새로운 생각으로 새로운 일을 계획하고 추진하였다.

조선시대의 주요 국가 수입은 농산물 생산이었다. 농산물은 온 백성이 먹고사는 식량이며, 나라에서 가장 많이 생산하는 중요한 재산이었다. 농사가 풍년이 들어야 나라가 부강할 수 있고, 백성이 배불리 먹어야 태평성대라고 할 수 있다.

세종은 "밥은 백성의 하늘이라."고 말하였다. 또 "백성을 구제할 방법을 항상 가슴에 생각하라."고 말하였다.

어떻게 하면 농사를 잘 지어 수확을 늘리고 백성들을 배불리 먹일 수 있을까.

세종은 새로운 농사 기술을 발전시켜야 한다고 생각했다. 그러자면 과학적인 기술이 필요했다. 당시에는 《농사집요》라는 중국 책을 보고 농사를 지었다.

"중국의 땅과 우리 땅은 성질이 다르고 풍토가 다르다. 우리 땅에 맞는 농사법을 개발하여 널리 알려야 한다."

1429년(세종 11), 특별히 공조판서 정초에게 명하여 《농사직설》을 편찬하였다. 이 책은 우리 농사법을 다룬 책으로, 각 지방 농부들의 경험담을 듣고, 지방마다 농토에 따른 알맞은 농

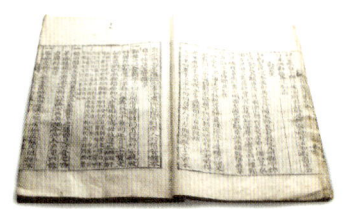

**농사직설** 온 나라를 다니며 평생 농사 지은 노인에게 물어 농사짓는 방법과 기술, 그리고 농사 도구를 자세히 소개한 책.

**향약집성방** 우리나라 자연에서 쉽게 구할 수 있는 약재를 연구하여 소개한 종합 의약서이다.

사 방법을 자세하게 적고 있다. 씨앗 고르기, 논밭의 성질, 씨뿌리기, 거름, 재배 등을 쉽고 간결하게 가르치고 있다.

농민들이 가난을 벗지 못하는 데는 여러 가지 이유가 있었다. 농사지을 땅이 부족한 데다 잦은 흉년, 그리고 나라에 바치는 세금이 많기 때문이었다.

1443년(세종 25), 세종은 '전제상정소'라는 관청을 두어 온 나라 논밭의 땅이 좋고 나쁨을 조사하고, 그 땅에서 농사짓는 품종이 무엇인지, 수확은 얼마나 되는지를 조사하였다.

농민들은 풍년일 때나 흉년일 때나, 나쁜 땅을 가지고 있거나 좋은 땅을 가지고 있거나 상관없이 해마다 똑같은 세금을 내는 경우가 많았다.

"백성이 굶주리는데 오히려 세금을 징수하는 것은 잘못된 일이다."

풍년이 들어 수확이 늘어났을 때와 흉년이 들어 수확이 줄었을 때를 따지고, 땅이 비옥한지 나쁜지를 가려 공평하게 세금을 내도록 하였다.

세종은 어떻게 하면 백성들에게 조금이라도 이로울까를 살폈으며, 백성을 편안하게 하려고 노력하였다.

이렇게 쉼 없이 일하고 공부를 한 세종은 젊어서부터 여러 가지 병을 얻어 고생을 하였다. 책을 너무 읽어 눈이 나빠지고, 소갈증(당뇨병)에 걸렸으며, 풍습병(고혈압)과 잦은 등창(등에 나는 부스럼)에 시달렸다.

하지만 세종은 병치레로 나라 일을 소홀히하는 일이 없었다.

세종이 안질이 심하여 청주 초정리로 치료를 하러 갔을 때의 일이다.


세종은 소갈증 때문에 찬물을 자주 마셨다. 이를 본 생과방(임금의 음식을 만드는 곳)의 신하는 몸 둘 바를 몰랐다. 그는 임금의 음식에 간을 싱겁게 하도록 하였다. 싱거우면 물을 덜 마시지 않을까 해서였다.

점심이 되어 간을 적게 한 수라상이 들어갔다. 그런데 음식을 든 세종은 "음식 맛이 왜 이리 싱거운고?" 하고 물었다.

"전하, 전하께서 찬물을 자주 드시기에……"

"싱겁게 먹는다고 물을 안 마실까."

"전하. 갈증이 드신 것 같으니 어의를 불러 진맥해 보시는 것이 좋을 듯하옵니다."

"허허. 물이 좀 자주 먹힌다고 어찌 의원을 부르겠나. 이런 소문이 궐 밖으로 나가면 중한 병을 앓으면서도 치료를 받지 못하는 백성들이 뭐라 하겠느냐."

세종은 끝내 어의를 부르지 않았다.

신하는 하는 수 없이 어의를 찾아가 임금의 증세에 대해 자세히 얘기했다. 증세를 듣고 난 어의는 음식 처방을 알려 주었다. 흰 수탉과 노란 암탉에 양고기를 푹 고아서 오랫동안 먹으면 갈증이 없어진다고 하였다.

신하는 곧 닭과 양을 구해 와 음식을 만들어 수라상에 올렸다.

"전하, 갈증에 좋은 음식입니다. 계속 드시면 좋아지실 것입니다."

"이 음식을 무엇으로 만들었는고?"

"……."

"어서 말하여라."

신하는 할 수 없이 솔직히 말하였다.

"허허. 이렇게 귀한 음식을……"

세종은 음식상을 밀어 내놓았다.

"전하!"

"상을 물리거라. 그리고 다시는 이런 음식을 만들지 마라. 과인이 이런 것을 먹으면 그대들이 그 희귀한 닭들과 양을 얼마나 많이 거둬 들일 것인가."

"전하. 전하께옵서는 나라에 한 분이신 지존이시옵니다. 소신과 백성들이 어찌 닭과 양 몇 마리를 아끼겠사옵니까."

"아니다. 그런 것을 먹으면 과인의 갈증은 더 심해질 것이다."

"전하, 그게 무슨 말씀이옵니까."

"과인의 갈증은 덕이 없는 내가 나라를 맡은 불안감에서 오는 증세이니라."

"전하……."

신하는 조아린 머리를 들지 못하였다.

세종은 이토록 자신의 몸을 돌보지 않으며 나라 일과 백성을 생각했다.


## 음악의 꽃을 피우다

1427년(세종 9), *관습도감 *제조 박연은 세종에게 제악(제향 때 연주하던 아악)에 관한 것을 새롭게 정비해야 한다고 간청하였다.

박연은 세종이 세자일 때 시강원(세자에게 공부를 가르치는 곳)에 있으면서 세자를 가까이서 볼 수 있었다. 이때 박연은 세종이 음악에 조예가 깊다는 것을 알게 되었고, 세종은 박연의 음악에 대한 재능을 알게 되었다.

"나라를 다스리는 데 예법보다 중요한 것이 없으나 제악의 소용 또한 큰 것이다."

세종은 *'악기도감'을 설치하고 음악에 관한 모든 일을 박연에게 맡겼다.

"전하, 성은이 망극하옵니다."

박연이 할 일은 당악(중국 음악)·아악(우리의 궁중 음악)·향악

---

*관습도감 : 조선 초기 예조에 속하여 음악을 가르치던 관아.
*제조 : 조선시대에 조정의 한 우두머리가 아니면서 각 관아의 일을 다스리던 직책.
*악기도감 : 조선시대에 악기와 제복 따위를 만드는 것을 맡아보던 관아.

(우리 고유의 음악) 등, 모든 악기·악곡·악보를 정리하고 새로 만들고 가르치는 일이었다. 이 일은 우리나라 궁중 음악의 기틀을 이루는 일이었다. 악기도감의 악공들은 신이 났다. 제일 먼저 악기를 만드는 일을 시작하였다. 새로운 악기에서 새로운 소리를 낼 수 있기 때문이다.

세종이 얼마나 음악에 대한 관심이 깊은지를 알 수 있는 일화가 있다.

'악기도감'을 설치한 지 서너 달이 지난 어느 날이었다.

세종이 박연을 불렀다.

"새로운 악기를 만들었소?"

"예, 전하. 그러나 아직 미흡하기 짝이 없습니다."

"그래도 좋으니 어디 소리를 들어보도록 하지요."

박연은 곧 악공들을 내전으로 불렀다. 새로 만든 악기들은 이전에 궁중에서 쓰던 악기들을 우리나라 사람들의 감정에 맞는 음을 내도록 고친 것이었다. 당시 악기는 대부분 다른 나라의 악기를 본떠 만든 것으로 우리나라 사람의 감정에 맞는 음을 내지 못하였다.

박연은 그동안 우리나라 사람들에게 맞는 곡을 많이 만들었지만 악기들이 우리 것이 아니어서 그 음을 나타내지 못하는 것이 안타까웠다. 악기도감이 설치된 지 얼마 되지 않았지만 박연은 쓰던 악기들을 열심히 고치고 있었다. 그러나 처음 악기보다는 소리가 나아졌으나 우리의 감정을 담기에는 충분하지 않았다.

"무엇이 문제일까?"

방법을 생각하고 있던 차에 임금의 부름을 받은 것이다.

악공들은 임금 앞에서 새로 만든 악기의 음을 차례로 들려주었다. 세종은 음을 들으며 눈을 지그시 감기도 하고, 고개를 끄덕이기도 하고, 어느 악기는 두 번 세 번 연거푸 들어보기도 하였다.

박연은 목이 타고 입술이 말랐다. 사실은 새로 만든 악기의 소리를 들은 몇몇 신료들은 그전 악기보다 소리가 훌륭하다고 칭찬을 한 터였다.

악기 연주가 끝나고 침묵이 흘렀다.

깊은 생각에서 깨어난 세종이 박연을 가까이 오도록 하였다.

"아무래도 소리가 날카로워……. 모든 악기가 다 그래요."

"예?"

"부드러운 감이 적어요."

박연은 숨이 멎는 것 같았다. 음조가 날카로운 것이 바로 우리나라 사람과 맞지 않다는 걸 알고 있었지만, 그 음을 미처 '부드럽게' 해야 한다고는 생각하지 않았다. 다만 높은 음을 낮게 내리는 데 마음을 써 온 것이다.

"전하, 다시 고쳐 만들겠습니다."

"그렇게 하시오."

세종은 다시 악기를 퉁겨 보게 하고는 바르지 못한 음을 하나하나 지적해 주었다.

'전하께서 음률에 저리 밝으시다니…….'

박연은 새삼 놀라고 감탄하였다.

### 피리의 명연주가 박연

박연(1378~1458)은 조선 초기의 문신이며 음악가이다. 1405년(태종 5) 문과에 급제했다. 세종이 즉위하자 아악별좌에 임명되어 음악에 관한 모든 일을 맡았다. 박연은 세종에게 당시 불안전한 악기의 조율, 악보 찬집을 새롭게 해야 한다고 상소하여 허락을 받고 1427년(세종 9) 편경 12매를 제작하고 새로 만든 12율관의 정확한 음률을 연주하게 하였다. 조회 때 사용하던 중국의 음악인 당악을 폐하고 우리 음악인 아악을 사용케 하였으며, 회례에도 아악을 연주하게 하였다. 중추원부사, 예문관 대제학에 올랐으며, 1453년(단종 1) 수양대군(세조)이 일으킨 계유정난 때 아들이 처형되었으나 그는 세 임금을 모신 원로라는 이유로 죽음을 면하고 파직당하여 고향으로 내려가 여생을 보냈다. 조선 초기 궁정 음악을 정비하는 데 많은 공을 세웠으며, 피리를 잘 불었다. 고려의 왕산악, 신라의 우륵과 함께 우리나라 3대 악성으로 불린다.

 세종은 사실 나라의 음악을 발전시키기 위해 이미 송나라의 음악 책인 《율려신서》를 탐독하고 연구하던 터였다.
 박연은 새로운 *율관을 만들기 시작하였다. 12율의 각 음에 해당하는 열두 개의 가는 대통을 한 벌로 사용하였다. 12율이란 열두 개의 고정된 음의 높이를 말한다. 이 12율의 높이를 규정하는 것은 쉬운 일이 아니다. 우선 기음, 즉 음의 출발음을 정하는 데 필요한 재료를 구하기가 어려웠다.

*율관 : 소리관. 음악에 쓰는 율, 즉 기본이 되는 음을 불어서 낼 수 있는 원통형의 대나무 관. 예전에 동양에서 음의 높낮이를 정하기 위하여 썼다.

재료는 *기장의 한 종류인 *거서와 *경석이라는 돌이었다. 당시 악기 재료는 다른 나라에서 들여와 썼는데 거서와 경석은 희귀하여 마음대로 구할 수가 없었다.
　박연은 이미 써 오던 거서와 경석을 달리 써 보기도 하고, 다른 재료가 없을까 하고 궁리하였다.
　그러던 어느 날이었다.
　세종이 '악기도감'으로 행차하였다.
　"악기 제작은 진척이 있소?"
　"전하, 재료가 부족하여 다른 재료를 찾아보고 있으나 여의치 않습니다."
　"찾는 재료가 우리 땅에 흔하지 않으니 당연히 어려울 것이오."
　"하지만 꼭 재료를 찾아내겠습니다."
　"하하하."
　세종이 갑자기 웃음을 터뜨렸다.
　박연이 놀란 얼굴로 세종을 올려다보았다.
　"내가 제조의 수고를 덜어 줄 것이오."
　"예?"
　"자, 이 *장계를 읽어 보시오."

*기장 : 볏과의 한해살이 풀. 수수와 비슷한 곡식으로 이삭은 가을에 익음.
*거서 : 황해도 해주에서 나는 큰 기장.
*경석 : 돌의 한 종류. 징으로 치면 맑은 소리가 남.
*장계 : 지방의 관원이 글로 써서 임금이나 관청에 올리던 보고.

세종은 두루마리 종이를 박연에게 주었다.

박연은 종이에 적힌 글을 얼른 읽어 보았다.

그 글은 경기감사가 올린 것으로 경기도 남양에서 나는 경석은 다른 나라 경석에 못지 않다는 내용이었다.

"전하, 성은이 망극하옵니다. 소신이 곧 남양으로 내려가 보겠습니다."

박연은 너무 기뻐 어쩔 줄 몰라 했다.

"그렇게 하시오. 그리고 또 한 가지, 이걸 보시오."

세종이 따라온 환관이 쥐고 있던 종이 봉지를 박연에게 주었다.

"그건 황해도에서 보내온 기장이오."

"예?"

박연은 봉지 안의 기장을 꺼내 보았다.

"아니······."

손바닥에 놓인 기장은 신통하게도 거서와 다름없었다.

"어떻소? 과인이 보기에는 알알이 여문 품이나 굵기가 한결같아 거서나 다름없어 보이는데."

기장알을 만져 본 박연의 기쁨은 더할 나위 없었다.

"전하, 황공하옵나이다. 거서나 다름없사옵니다."

"그렇다면 재료로 써 보시오."

"전하, 성은이 망극하옵니다."

박연은 그렇게 애타게 구하려던 것을 얻은 기쁨에 눈물을 흘렸다.

"전하, 한 가지 여쭙고자 하옵니다. 이것을 어떻게 구하셨나이까?"

눈물을 훔친 박연이 임금을 올려다보며 물었다.

**세종대왕 동상** 우리나라 최고의 성군인 세종대왕의 동상. 경기도 여주 영릉에 있다.

"과인이 그대 일을 보고 가만히 있을 수가 없기에 각 도에 글을 띄워 경석과 거서가 나는 곳이 없는가를 알아보라 하였더니 이렇게 좋은 소식이 온 것이오."

"……."

박연은 놀라움에 말문이 열리지 않았다.

'전하께서 이렇게 음악의 일에 관심을 가지고 계시다니…….'

박연은 그날부터 더욱 우리의 소리를 만드는 데 온 힘을 기울였다.

1431(세종 13)년 정월 초하루, 세종은 박연이 새로 만들고 고친 악기로 아악의 연주를 들으며 새해 하례를 받았다. 이때 악기를 연주한 악사는 무려 119명이나 되었다. 연주 장면과 음악이 얼마나 웅장하고 장엄하였을지 짐작이 간다.

세종은 유교 정치를 하면서 유교 의례를 중시하였다. 나라를 다스리는 데 생기는 크고 작은 의례, 일반 백성들이 일 년 열두 달 생활하면서 닥치는 크고 작은 의례에는 반드시 음악이 필요했다. 이렇듯 음악은 유교적 의례가 정리되면서 이에 필요하여 발전하게 된 것이다.

박연은 음악을 좋아하고 조예가 깊은 세종의 힘으로 그의 재능을 마음껏 발휘하였다. 악기를 조율할 수 있는 율관을 만들고 *조회악, *회례악, *제례악 등을 새롭게 정비하고 만들어 오늘날 우리 민족 음악의 기틀을 만든 것이다.

### 과학의 꽃을 피우다

세종 시대에는 과학 기술이 크게 발달하였다. 특히 천문학과 *역학 분야이다. 우리나라는 농사가 주요 산업이었다. 세종은 '농사를 짓는 데는 하늘의 일을 먼저 알아야 한다.'고 하였다. 비나 눈이 언제 오고, 얼마만큼 내렸는가 하는 기상 관측에서부터 해와 달, 별의 움직임과 낮과 밤의 길이, 사계절의 움직임 같은 자연 법칙을 관측하는 것이다. 일 년간 사계절에 따라 어떤 일을 언제 해야 할 것인가를 정하고, 그 계절에 있을 자연의 변화에 미리 준비하는 것이다.

이에 세종은 천체를 관측하는 기기를 만들고, 해·달·수성·금성·화성·목성·토성 등 일곱 개 행성의 운동을 관측한 자료를 바탕으로 하여 우리나라 위치와 표준 시간을 연구한 《칠정산내·외편》을 편찬하였다.

*조회악 : 신하들이 조정에 모이는 의식에 쓰던 음악.
*회례악 : 대신들이 한자리에 모이는 의식에 연주하던 음악.
*제례악 : 천신·인신·지신의 제향에 쓰는 음악. 종묘제례악이 전한다.
*역학 : 천체를 관측하여 해와 달의 운행과 절기 따위 연구하는 학문.

천체를 관측하는 기구 간의대, '스스로 종을 치는 물방울' 시계로 알려진 자격루, 공중시계인 앙부일구, 휴대용 해시계 현주일구, 비의 양을 재는 측우기를 발명하고, 금속활자인 갑인자 등 많은 과학 발명을 하였다.

　이처럼 세종 시대에 과학 문명이 꽃을 피울 수 있었던 것은 노비 출신의 과학자 장영실이 있었기 때문이다.

　*세종이 장영실을 등용한 일화가 있다.

1420년(세종 2)년이 저무는 어느 날이었다.

공조참판 이천이 세종을 알현하였다.

"전하, 경상도의 동래부사를 높이 표창하여 줄 것을 주청하옵니다."

"특별히 상을 줄 이유가 있는가?"

"그러하옵니다. 궁궐에서 필요한 지방 특산물을 수십 바리 진상하였나이다."

"진상물이 많다고 어찌 상을 주겠는가?"

"그뿐 아니오라 고을을 다스리는 정사에서 공이 크다고 하옵니다."

*장영실이 재능을 인정받고 처음 등용된 것은 세종 때가 아닌 태종 때라는 기록도 있다. 당시 만들어진 '도천법'은 신분을 가리지 않고 지방에 있는 뛰어난 인재를 추천할 수 있는 제도였다. 이때 동래현에서 손재주가 뛰어나기로 이름이 났던 장영실은 수령이 추천을 하여 한양으로 올라올 수 있었던 것이다.

"그 공이 무엇인가?"

"동래군영에는 여러 가지 병장기를 새로 만들어 병기 창고에 가득 쌓아 놓았으며, 녹슬고 고장난 무기들은 제때에 수리하여 하나도 흠잡을 데가 없다고 하옵니다."

이 말에 세종의 귀가 솔깃해졌다.

"그렇다면 그곳에 병장기를 만들고 수리할 줄 아는 *장인이 많다는 것인가?"

"아닙니다. 손재주가 뛰어난 젊은이가 그 일을 해내고 있다고 하옵니다."

"그 젊은이는 어떤 사람인가?"

"그것까지는 알아보지 못하여 잘 모르겠사옵니다."

"잘 모르겠다……."

잠시 생각에 잠겼던 세종이 갑자기 노기를 띠며 말했다.

"동래부사에게 상은커녕 벌을 내려야겠다."

"전하!"

이천은 깜짝 놀랐다. 일이 이렇게 뒤집힐 줄 몰랐다.

"동래부사는 진정 임금과 나라를 생각하는 마음이 없단 말이냐."

"전하, 그렇지 않사옵니다."

*장인 : 물건 만드는 것을 업으로 하는 사람. 어떤 물건을 매우 잘 만드는 사람.

"그렇지 않다면 어찌 진상물은 바칠 줄 알면서 인재는 천거하지 않고 고을에서 썩힌단 말이냐."

"전하, 그 젊은이에 대해 자세히 알아보겠습니다."

"알아보는 게 아니라, 그를 곧 궁궐로 보내도록 하여라."

"알겠사옵니다, 전하."

이천은 동래부사에게 어명을 전하는 글을 보냈다.

얼마 안 있어 동래부사의 답이 올라왔다.

내용은, 그 젊은이는 *관기의 아들로 관가에 매인 천한 종이기 때문에 올려보내지 못한다는 것이었다.

이천은 이 사실을 세종에게 아뢰었다.

세종은 크게 노하였다.

"동래부사가 고얀 자로다. 지방 관아 일엔 종이 필요하고 나라를 위하는 일에는 종이 필요없다는 말인가."

"전하, 그게 아니옵고……."

"참판은 다시 전하여라. 젊은이를 당장 보내라고."

"예, 전하 그리하겠습니다."

얼마 후, 젊은이가 궁궐로 들어왔다.

세종은 이천에게 젊은이의 손재주를 시험해 보도록 하였다.

*관기: 궁중 또는 관아에 딸려 춤과 노래 따위를 하던 기생.

고장난 무기를 고치고, 궁궐에 쓰는 여러 가지 도구를 고치도록 하였다. 들은 대로 젊은이의 손재주는 민첩하고 섬세하였다. 어떤 물건이든 그 손에 쥐어지면 고쳐지고, 또 새롭게 연구하여 더 잘 만들었다.

"타고난 재주가 신묘하구나."

이천은 젊은이가 천한 종이라는 것이 참으로 안타까웠다.

젊은이는 성미도 온순하고 부지런했으며, 무엇을 어떻게 할 것인가를 끊임없이 궁리하고 탐구하였다.

얼마 후, 이천은 세종에게 젊은이를 시험해 보니 손재주가 아주 뛰어나고, 새로운 기구를 만들고자 하는 생각으로 가득 차 있다고 아뢰었다.

"과인이 찾던 사람이다. 그를 당장 데려오너라."

마침내 동래현 관기의 아들인 젊은이는 천한 종의 신분으로 임금을 알현하게 되었다.

"네 이름이 무엇이냐?"

"장영실이라 하옵니다."

"장영실이라! 이름이 듣기 좋구나. 얼굴을 들어라."

장영실은 얼굴을 들어 용안(임금의 얼굴)을 올려다보았다. 인

자하면서도 기쁨에 넘치는 환한 얼굴이었다.

'천한 종을 저리 기쁜 얼굴로 대하시다니…….'

장영실은 너무 황공하여 고개를 떨구었다.

"과인이 너에게 부탁이 있다. 들어주겠느냐?"

"전하께서 부탁이라니 천부당만부당하신 말씀이옵니다. 어떤 명을 내리셔도 이 천한 몸을 다 바칠 것이옵니다."

"네 마음이 기특하구나. 과인은 우리나라 천문 연구에 필요한 기구를 만들고자 한다. 네가 그 일을 해낼 수 있겠느냐?"

장영실은 물론 곁에 있던 이천도 깜짝 놀랐다.

"전하, 전하께옵서 하늘 같은 은혜를 베푸시오니 목숨을 바쳐 보답하겠사옵니다."

"고맙구나. 오늘 너를 상의원 별좌로 임명할 것이니 지체 말고 일을 시작하여라."

장영실과 이천은 뜻밖의 어명에 눈이 휘둥그레졌다. 상의원이란 궁궐 안의 각종 재물과 보물을 맡아 보는 관청이었고, 별좌는 5품 벼슬이었다.

"놀라울 게 없다. 너에 대한 과인의 기대가 그만큼 크니 보답도 커야 할 것이다."

"전하, 성은이 망극하옵나이다."

장영실의 뺨으로 눈물이 흘러내렸다.

세종은 고개를 끄덕이고는 이천에게 말하였다.

"과인은 수십 바리의 진상물은 관심이 없다. 그런 것보다 이런 재주 있는 사람을 얻는 것이 가장 기쁘다. 진상물은 날이 가면 없어지지만 인재는 날이 갈수록 수십 바리, 수백 바리의 진상물에 비길 수 없는 큰 빛을 낼 것이다."

"……."

이천은 세종의 말에 어떻게 대답을 해야 할지 몰라 입을 열지 못했다.

훗날, 장영실이 만 사람을 놀라게 하는 혼천의, 자격루, 측우기 등 과학 발명품을 만들어 낼 때마다 이천은 탄복하였다.

'전하, 참으로 지당하시고 현명하셨나이다.'


세종은 인재를 구하는 데 반상의 신분을 가리지 않았다. 세종 임금을 만났기에 \*관노 장영실은 노비 신분을 벗어나 상호군 벼슬까지 지내며 조선시대 과학 문명의 꽃을 활짝 피울 수 있었다. 세종 시대에 장영실과 함께 과학 발명에 참여한 사람은 이천,

\*관노 : 관가의 남자 종.

이순지, 김빈, 김돈, 김조, 정초 등이었다.

그리고 천문 기기 외에 중요한 발명으로 금속 활자를 꼽을 수 있다. 세종 시대에 많은 책을 펴낼 수 있었던 것은 당시 인쇄 기술이 발달하였기 때문이다. 활자를 만들고 인쇄하는 곳은 '주자소'라는 관청이었다.

1434년(세종 16), 장영실, 이천, 김돈, 김빈 등이 금속활자인 갑인자(갑인년에 완성되어 붙인 이름)를 완성하였다. 이는 *논어 등 명나라 초기 판본(나무에 글·그림을 새긴 인쇄용의 판)을 글자의 바탕으로 삼고, 모자라는 글자는 진양대군(수양대군-훗날 세조)의 글씨를 본떠서 만든 것으로 약 20만 자를 주조하였다.

금속활자는 고려시대에 만들어졌으나 더 이상 발전하지 못하였다. 조선 건국 후인 1403년(태종 3), 태종은 주자소를 설치하고 청동활자인 계미자를 만들었다. 그러나 계미자는 글자의 모양이 고르지 못하고, 글자의 행간이 고르지 못했다. 인쇄법도 밀랍이 깔린 동판 위에 활자를 꽂아 넣고,

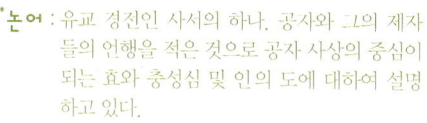

*논어 : 유교 경전인 사서의 하나. 공자와 그의 제자들의 언행을 적은 것으로 공자 사상의 중심이 되는 효와 충성심 및 인의 도에 대하여 설명하고 있다.

###  관노에서 조선 최고의 과학자가 된 장영실

장영실은 조선시대 최고의 과학 기술자이다. 관기의 아들로 동래현의 관노였다. 어려서부터 둑을 쌓고, 병장기나 농기구를 수리하고, 새로 만드는 데 재능이 뛰어났다. 1423년(세종 5) 세종의 특명으로 궁궐에 들어와 상의원 별좌가 되고 노예의 신분을 벗었으며, 1432년(세종 14) 이천을 도와 간의대 등 천문의를 발명하는 데 참여했다. 1434년(세종 16) 혼천의를 완성하고, 이듬해 금속활자 갑인자 주조를 감독하였다. 이후 물시계 보루각의 자격루, 천체 관측용 대소간의, 휴대용 해시계 현주일구와 천평일구, 해시계인 정남일구를 만들었고, 공중시계 앙부일구, 태양의 고도와 출몰을 측정하는 규표와 1441년 세계 최초의 우량계인 측우기와 수표를 발명했다.

장영실은 뛰어난 과학적인 재능과 성실함으로 노비의 신분을 벗어나 상호군 벼슬까지 올랐다. 그러나 그가 감독하여 만든 임금의 가마가 부서져 불경죄로 벌을 받은 뒤 파직되었다. 관리들은 장영실을 엄벌에 처하려 했지만 세종은 곤장 80대로 형벌을 낮춰 주었다. 그 이후 그가 어디에서 어떻게 살았는지는 알려지지 않고 있다.

**조선시대 최고 과학자 장영실 무덤**
장영실은 관노로 태어났지만 탁월한 과학적 재능으로 세종에게 발탁되어 우리나라 과학 발전에 크게 기여했다.

다시 그 위에 밀랍을 녹여 붓는 방식이어서, 글자가 흔들려 인쇄하기 힘들었다. 이러한 단점을 개량한 것이 1420년(세종 2. 경자년)에 동으로 만든 경자자였고, 이후 14년 만에 새로운 금속활자인 갑인자가 만들어진 것이다.

갑인자는 가늘고 빽빽한 경자자보다 활자가 크고 고르고 모양이 아주 바르게 똑똑하였다. 이와 같이 우리나라의 활자 인쇄술은 세종 때 갑인자에 이르러 고도로 발전하였으며, 이 활자는 조선 말기에 이르기까지 여섯 번이나 다시 만들어져 발전하였다.

세종 시대의 과학 발전은 이처럼 나라 발전에 아주 중요하게 쓰임이 되는 실용적인 것이어서 더욱 가치가 있다.

장영실 초상화

### 육진을 개척하다

세종 시대의 '육진 개척'은 북방의 오랑캐를 물리치고 두만강 일대를 국경으로 하는 영토 개척이었다.

태조(이성계)가 조선을 개국했을 때 조선의 영토는 두만강 하류에까지 이르고 있었다. 이때 이 일대에는 여진족 부족인 우디거 족과 오도리 족이 버티고 있었다. 태조는 아직 나라의 기틀이 서지 않은 때라 여진족과의 싸움을 피하고 이들을 다독였으며 경원·경성에 무역소를 두고 여진족들과 교역을 트기도 하였다.

그러나 1410년(태종 10)에 이르러 경원부 지역에 우디거 족의 침입이 잦아지자 경원부를 폐지하였으며, 1417년에는 부거(지금의 경성군)로 후퇴하였고, 여진족의 노략질이 더욱 심해지자 1425년(세종 7)에는 조정에서 경원부를 다시 용성(지금의 수성)으로 후퇴시켜야 한다는 의논이 일어났다.

그러나 세종은 더 이상 북방의 영토를 오랑캐의 손안에 놓아 줄 수가 없었다.

1433년(세종 15), 경원부 지역을 괴롭히던 우디거 족이 회령 지역에 거주하던 오도리 족을 습격하여 그 추장과 아들을 죽이는 내분이 일어났다.

세종은 이 소식을 듣고 마침내 때가 왔다고 생각하였다. 여진족 내분을 기회로 북방 영토의 국경을 튼튼히 하고자 했던 것이다.

"북방의 변경을 소홀히 한다면 또 하나의 강적이 생길 것이다. 마침 적이 허술하니 이 기회에 옛 영토를 찾아 선조의 뜻을 잇고자 한다."

1434년(세종 16), 세종은 김종서를 함길도 *관찰사로 임명하고 육진을 개척하라는 명을 내렸다. 김종서는 *좌승지로 세종이 가장 신임하는 신하 중의 한 사람이었다.

세종은 김종서에게 '항상 지니고 있다가 짐승을 쏘라'며 활과 화살을 준 적이 있으며, 왕명을 받아 출정할 때는 입고 있던 붉은 옷을 벗어 주었다.

김종서는 육진을 개척하기 위해 북방으로 떠났다. 오랑캐의 노략질로 피폐해진 민심을 어루만지고, 군사들에게는 오직 임금과 나라에 대한 충성심으로 맡은 일을 다하도록 독려하였다.

그러나 조정에서는 세종과 김종서가 밀어붙이는 육진 개척을 강하게 반대하는 상소가 끊임없이 올라오고, 심지어는 김종서

*관찰사 : 조선시대 각 도의 으뜸 벼슬. 민정, 군정, 재정, 형정 등을 통할 지휘 감독하던 종이품 벼슬임.
*좌승지 : 조선시대 승정원의 정삼품 벼슬.

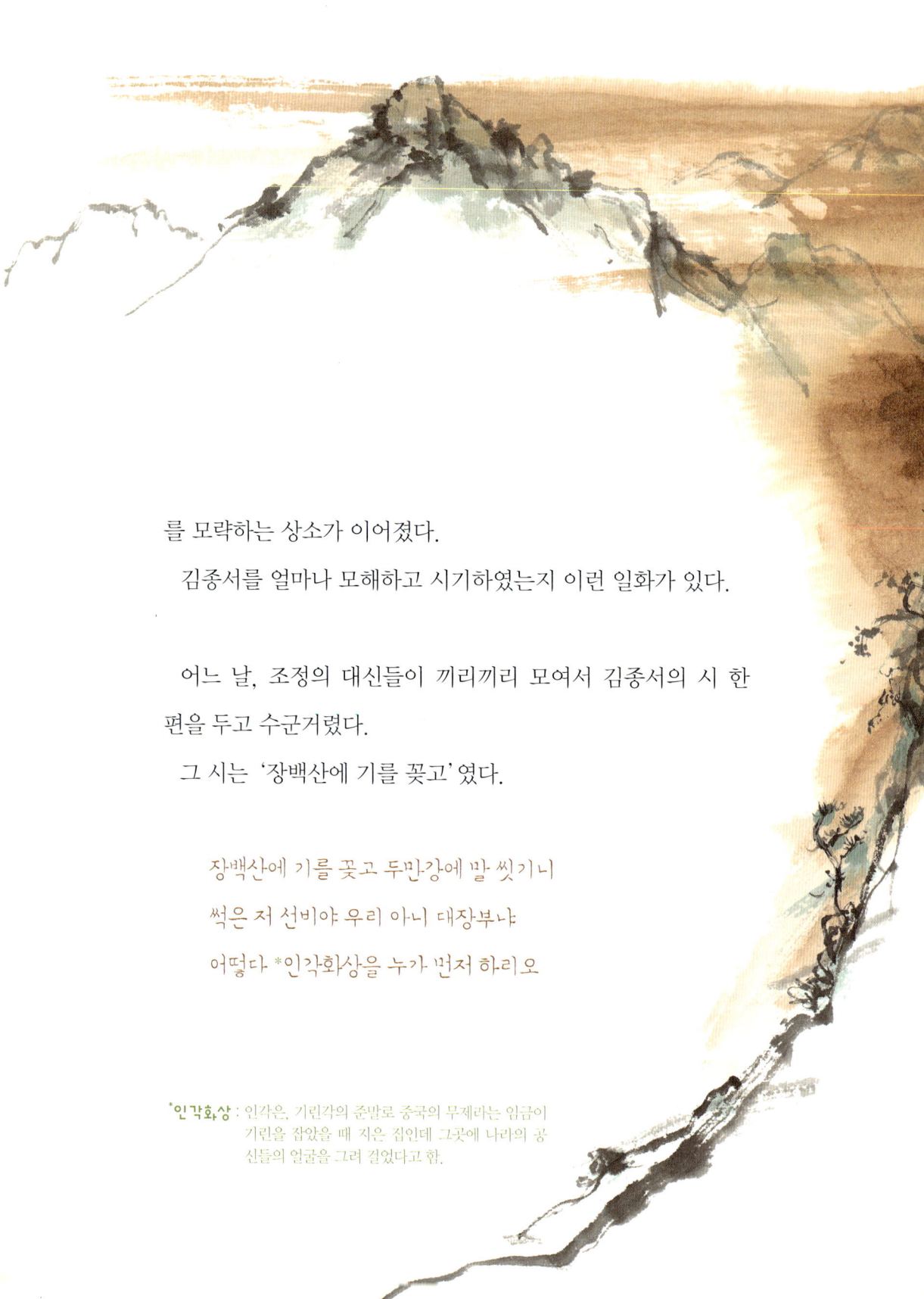

를 모략하는 상소가 이어졌다.

김종서를 얼마나 모해하고 시기하였는지 이런 일화가 있다.

어느 날, 조정의 대신들이 끼리끼리 모여서 김종서의 시 한 편을 두고 수군거렸다.

그 시는 '장백산에 기를 꽂고'였다.

장백산에 기를 꽂고 두만강에 말 씻기니
썩은 저 선비야 우리 아니 대장부냐
어떻다 *인각화상을 누가 먼저 하리오

*인각화상 : 인각은, 기린각의 준말로 중국의 무제라는 임금이 기린을 잡았을 때 지은 집인데 그곳에 나라의 공신들의 얼굴을 그려 걸었다고 함.

　이 시는 말공부만 일삼으며 허송세월 하는 문인들과 썩어빠진 양반 정치의 잘못을 따지고, 사나이로 태어나서 나라의 국경을 지키는 일이 얼마나 장한 일인가 하는 김종서의 자부심을 노래한 것이다.

　김종서는 북방 국경으로 나아가 나라를 굳게 지키기 위해서 든든한 진을 만들고 있었다.

　세종은 진을 설치하는 데 필요한 물자를 아끼지 않고 보내 주었으며, 진이 완성된 곳으로 백성을 이주시키고, 그들에게는 여러 가지 특전을 베풀어 주었다.

　김종서는 4진을 개척하고, 5진, 6진을 쌓겠다고 하였다.

　그러자 조정의 많은 대신들이 반대하며 들고일어났다. 국력을 낭비하고, 많은 백성의 살림을 곤궁에 빠뜨린다는 것이었다.

그러나 세종은 적극적으로 찬성하였다.

"육진을 쌓으면 오랫동안 근심하던 북방의 국경이 튼튼해져 나라가 편안할 것이다."

세종은 여러 대신들 앞에서 김종서의 공로를 높이 칭찬하였다. 반대파 대신들은 김종서의 공로를 시기하며 불안해하였다. 그러던 차에 '장백산에 기를 꽂고'라는 시를 보게 된 것이다.

"이 사람이 무슨 타고난 재능이 있다고 이리 오만하단 말인가."

"제아무리 지략이 있고 담이 크다고 할지라도 대대로 못한 큰일을 어떻게 제 혼자 할 수 있다고 큰소리를 치는가."

"김종서를 그냥 두고 보아서는 안 되겠어요."

"앞으로 무슨 일을 저지를지 모르지요."

"제 분수를 모르고 날뛰니 하루라도 빨리 쳐내야 해요."

이렇게 수군거리던 대신들은 어느 날, 세종에게 일제히 상소를 올렸다.

상소에는, 김종서가 제 분수와 지략을 헤아리지 못하고 일을 자꾸 벌이고 있으니 한시라도 빨리 진을 쌓는 일을 중단시키고 죄를 물어야 한다고 하였다.

상소를 읽은 세종은 신하들을 불러들였다.

"그대들에게 묻거니 함길도 관찰사 김종서가 하는 일이 나라에 이롭지 못하다는 것인가?"

"그게 아니옵니다."

"그럼 무엇이 문제인가?"

"한 사람이 지닌 재능과 지략에는 한계가 있습니다. 김종서는 지금 제 분수를 가늠하지 못하고 힘에 겨워 되지 않을 일을 벌이고 있습니다. 그것이 참으로 염려되옵니다."

세종의 낯빛이 흐려졌다.

"나라의 일을 어찌 한 신하의 재능과 지략으로 한정하겠는가. 조상에서 물려받은 이 나라의 강토를 한 치라도 줄일 수 없어 개척해 나가는 것은 과인의 뜻이고, 조정은 물론 만백성이 나서서 해야 할 일이다. 오늘 김종서가 아니면 그 일을 할 수 없는 것이고, 그도 뒤에 과인이 있다는 것을 믿고 하는 일인데, 그대들은 어찌 나라의 큰일을 하고 있는 신하의 지략과 재능을 폄하하고 막으려 하는가?"

대신들은 고개를 숙이고 아무 대답도 못하였다.

이때 세종은 어두운 얼굴빛을 거두며 책상 위에 있는 종이 두

루마리를 펴 보였다.

"모두 고개를 들고 과인이 읽는 시를 들어보시오."

*삭풍은 나무 끝에 불고 명월은 눈 속에 찬데
*만리변성에 *일장검 짚고 서서
긴 파람 큰 한소리에 거칠 것이 없어라

신하들은 그 시가 김종서의 것임을 금세 알아차렸다.
세종은 신하들에게 시를 돌려 보도록 하였다.
"시가 어떠시오?"
신하들은 다시 고개를 떨구었다.
바람 거친 변방의 성에서 나라를 지키느라 깊은 고초에도 꿋꿋이 맞서며 의연히 서 있는 한 장수의 모습을 그려 보지 않을 수 없었다. 한 마디로, 김종서의 무인다운 기개와 그 어떤 시련이 있어도 모든 것을 이겨 낼 수 있다는 기백을 자랑하고 있었다.
잠시 침묵을 지키던 세종이 그 어느 때보다 엄한 어조로 말했다.
"여기에 김종서 대신 만리변성에 일장검 짚고 나설 수 있는 사람이 누구인가? 있다면 나서 보라. 그러면 김종서를 당장 불

*삭풍 : 북풍.
*만리변성 : 서울에서 먼 변두리의 성.
*일장검 : 한 자루의 긴 칼.

러들이겠다."

신하들은 숨소리도 크게 내쉬지 못하고 진땀만 흘렸다.

이후부터 김종서를 시기하는 신하는 없었다.

김종서는 조정 대신들의 모략을 받았지만 오직 세종 임금만을 믿고 자신이 맡은 일을 묵묵히 하였다. 세종 역시 어떤 모함을 하더라도 김종서의 충성심을 믿고 육진 개척을 끝까지 독려하였다.

육진은 어려운 난관을 헤치고 차례로 설치되었다. 부령·종성·회령·경원·경흥을 설치하고, 마지막으로 온성을 설치하였다. 이때가 1440년(세종 22)으로, 김종서가 육진을 개척하기 시작한 지 7년이 되는 해였다.

육진 개척을 마친 김종서는 개선장군이 되어 한양으로 돌아왔다.

세종은 그의 공을 크게 치하하고 이렇게 말했다.

"내가 임금이기는 하지만 김종서가 없었다면 육진을 성공적으로 개척할 수 없었고, 또 김종서가 있더라도 내가 아니면 그 일을 추진할 수 없었다."

이는 세종이 김종서라는 신하를 얼마나 신임하고, 김종서는

**김종서의 육진 개척도**
육진을 개척한 김종서 장군 일행을 그린 그림이다. 김종서는 조정 대신들의 모략을 받았지만, 세종의 든든한 지원으로 육진을 개척할 수 있었다.

###  '삭풍은 나무 끝에 불고'를 지은 '북방의 호랑이'

김종서(1390~1453)는 조선 초기의 문신이자 장군이다. 1405년(태종 5) 문과에 급제하고, 1433년(세종 15) 함길도 관찰사가 되어 야인들의 변경 침입을 물리치는 한편, 세종의 두터운 신임과 적극적인 도움으로 7년 간에 걸쳐 6진(종성·회령·경원·경흥·온성·부령)을 개척하여 두만강을 경계로 국경선을 확정짓는 데 큰 공을 세웠다. 변방에 나가 국경을 지키는 장수이지만, 역사에 조예가 깊어《고려사》《고려사절요》《세종실록》등의 편찬에 참여했다. 문무를 겸비한 신하로 세종의 각별한 총애를 받았으며, 지략이 뛰어나고 강직하여 '북방의 호랑이'로 불렸다. 1453년(단종 1) 세종의 둘째아들 수양대군이 어린 조카 단종을 쫓아 내기 위해 난을 일으켰을 때 죽임을 당하였다. 유명한 시조 '장백산에 기를 꽂고'와 '삭풍은 나무 끝에 불고' 등이 있다.

세종 임금에게 얼마나 충성스런 신하였는가를 보여 준다.

'북방의 호랑이'로 불리던 김종서는 세종의 총애를 받으며 형조, 예조판서를 지내고, 1449년(세종 31) 왕명을 받아 정인지와 함께《고려사》를 편찬하였다.

# 우리 글자를 만들다

### 우리 글자가 있어야 한다

세종은 재위 31년 동안 수많은 업적을 남겼다.

그중 가장 빛나는 업적은 우리의 글자 '한글'을 만든 것이다.

1443년(세종 25) 12월 30일, 세종은 조정의 중신들과 집현전 학사들에게 '훈민정음' 28자를 몸소 창제하였음을 알렸다.

이날의 《세종실록》에는 다음과 같이 기록되었다.

"이 달에 상감께서 *언문 28자를 친히 만드셨다. 그 글자는 옛 *전자를 본받았다. 초성(첫소리), 중성(가운뎃소리), 종성(받

*언문 : 한글을 예전에 일컫던 말.
*전자 : 한자의 한 서체.

침)으로 나누는데, 이것을 합쳐서 글자를 이룬다. 모든 문자나 우리나라 말을 다 이 글자로 적을 수 있다. 비록 글자가 간결하지만 돌려서 쓰기가 무궁하다. 이 글자를 '훈민정음'이라고 한다."

'훈민정음'이란 '백성을 가르치는(훈민) 바른 소리(정음)'라는 뜻이다.

그리고 '정음'에 대해 정리한 머리 글에 이렇게 말하고 있다.

"우리나라 말이 중국과 달라서 서로 통하지 아니하였다. 따라서 우리 백성들이 말하고자 하는 것이 있어도 자기의 뜻을 글로 써서 나타내지 못하는 사람이 많았다. 나는 이를 가엾게 여겨 새로 스물여덟 글자를 만들었다. 모든 사람이 이것을 쉽게 익혀서 날마다 쓰는 데 불편함이 없고자 할 따름이다."

정음의 전문 4백 6자 끝에는 임금이 몸소 만들었다는 '어제'라는 기록이 있다.

'훈민정음' 28자는 이렇게 실록에서 보듯이 세종이 혼자 만든 것으로 기록되어 있다.

그러나 여러 역사책이나 일화, 그리고 교과서에는 세종대왕과 집현전 학사들이 함께 만든 것으로 알려져 있다.

다음 일화는 세종이 집현전 학사들에게 새로운 우리 글자를 만들 것을 명하는 이야기이다.

어느 날, 세종이 집현전으로 나왔다.
집현전의 학사들은 여느 날과 같이 세종이 학문을 토론하러 나온 줄 알았다. 임금은 이따금 예고 없이 집현전에 나와 읽은 책에 대해 토론을 벌이곤 하였다.

학사들이 모두 모이자 세종이 말했다.

"과인이 오늘 여기에 나온 것은 한 가지 중요한 일을 의논하고 싶어서이다. 그것은 다름 아니라 우리의 글자를 만들 수 없는가 하는 것이다."

"……"

'우리 글자?'

학사들은 생전 처음 듣는 말이었다. 의아해서 서로들 얼굴을 바라보았다.

"과인이 오래 전부터 궁리해 오던 것인데 아무래도 우리 글이 있어야 한다고 본다."

학사들은 귀를 바짝 세우고 세종의 말을 들었다.

"세상에 모든 나라들은 제 나라 말과 글을 가지고 있는데 우리는 말은 있어도 글은 없다. 남의 글을 가져다 쓰고 있으니 이것은 참으로 떳떳하지 못한 일이 아닌가."

아무도 쉽게 말문을 열지 않았다.

"중국의 한문은 우리말과는 전혀 통하지 않는 다른 글이다. 글자가 많고 어려워 백성들이 글을 몰라 눈 뜨고도 장님이 되어 있는 것이다. 그러니 전하는 말과 글이 일치되게 하기 위해서도 그렇고, 무식한 장님으로 살아가는 백성들을 위해서도 우리 글이 있어야 하지 않겠느냐?"

"전하, 지당하신 말씀이옵니다."

정인지와 신숙주, 성삼문이 말했다.

"그런데 이토록 필요한 우리 글을 어디서 가져오겠는가? 아니면 누가 만들어 주겠는가?"

세종은 여러 신하들의 얼굴을 돌아보았다.

숨소리조차 멎은 듯 조용했다.

"이는 오직 그대들의 머리에서 만들어져야 할 것이다."

"……."

"과인은 오늘 우리의 말소리에 맞는 글을 그대들이 만들기를 부탁하는 바이다."

"전하, 전하의 명을 받자와 반드시 우리 글을 창제하는 데 신명을 다 바치겠나이다."

정인지가 말했다.

"과인이 그대들을 불러 집현전을 세웠으니, 그 뜻을 헛되이 하지 않기를 바란다."

"전하, 명심하겠나이다."

이날부터 집현전 학사들은 우리 글자를 만들기 위한 연구를 시작하였다.

새로운 글자를 만드는 것은 상상도 못했던 '문자 혁명'이었다.

'우리말을 그대로 글로 적을 수 있는 글자?'

어디서부터 시작해야 할지를 몰랐다. 밤 깊은 캄캄한 산 속에서 길을 찾는 것처럼 막연했다.

그리고 우리 글자를 만드는 그 자체를 반대하고 나서는 사람도 있었다. 바로 최만리였다. 최만리는 새로운 글자를 만드는 것은 부당하다고 하였다.

"한문을 버리고 새로운 글자를 만들어 쓰려고 하는 것은 예로부터 선조들이 이룩하여 온 문화를 허물어 버리고 나라의 학문 발전에 혼란을 가져오게 하는 일이다. 장님이 된 백성을 깨우치려다 도리어 나라의 군신까지 장님이 되어 버리게 하는 것이다."

이렇게 집현전 학사들은 임금의 뜻을 받들어 우리의 글자를 만들어야 한다, 만들지 말아야 한다는 의견이 갈리어 논쟁을 계속하였다.

며칠 후, 이 사실을 알게 된 세종이 다시 집현전에 나왔다.

"오늘 이 자리에서 새로운 글자를 만드는 것에 대해 각자의 의견을 말하라."

정인지, 신숙주, 성삼문, 최항, 박팽년, 이개, 강희안, 이선로 등 *'여덟 학사'는 마땅히 새로운 글자를 만들어야 한다고 말했다.

그러나 최만리, 신석조, 김문, 정창손, 하위지, 송치검, 조근 등 *'일곱 학사'는 반대하였다. 그 중 최만리는 새 글자를 만드

*여덟 학사 : 권말부록의 '집현전의 여덟 학사' 참조.
*일곱 학사 : 권말부록의 '집현전의 일곱 학사' 참조.

는 것이 왜 부당한가를 조목조목 따지며 반대하였다.

　학사들은 자기들의 의견을 내놓고 논쟁을 하면서도 세종이 어떤 결단을 내릴 것인가에 대해 마음을 졸였다.

세종은 학사들의 의견을 끝까지 들었다. 특히 반대하는 신하에게는 임금의 의견을 자세히 얘기하며 설득하였다. 그러나 마지막까지 자신의 의견을 굽히지 않는 최만리의 얘기를 들을 때는 참기 어려운 노기를 띠기도 하였다.

　"나라의 문화와 장님이 되어 사는 백성을 위해 새 글자를 만들자고 하는 것은 과인의 생각이고 뜻이다. 예로부터 임금의 뜻을 어기고 따르지 않는 신하는 *역신이라고 하였으니 오늘 새 글자를 만드는 것을 따르지 않는 사람은 역신으로 다스릴 것이다."

　세종의 노기에 찬 말에 학사들은 목을 움츠렸다.

　그러나 이날 이후에도 최만리를 비롯한 일곱 학사들은 새 글자를 만드는 것에 반대하는 상소를 끈질기게 올렸다. 결국 세종은 최만리를 강원도 관찰사로 보냈다.

　이때부터 세종과 집현전 학사들은 연구를 거듭한 끝에 새 글자를 만들었다.

*역신 : 반역한 신하.

### 초정리에서

집현전 학사들은 밤낮 없이 새 글자를 만드는 데 매달렸다.

세종은 정인지, 신숙주, 성삼문, 최항 등에게 음운학(언어학)에 대한 책을 건네 주고, 전자와 *자학을 연구하라고 하였다. 학사들에게 새 글자 창제에 대한 필요한 것들을 대어 주며, 세종 자신도 운서에 대한 연구를 하는 한편 그 생각을 학사들에게 전달하였다.

6년이 흘렀다. 마침내 스물여덟 자의 새 글자가 완성되었다.

집현전 학사들은 완성된 글자를 세종에게 올렸다.

글자 모양은 다른 글자에서 볼 수 없었던 독특한 것으로, 그 바탕은 말소리를 내는 입과 목구멍의 모양에 두었다.

"만들어 놓고 보니 마치 창문의 창살 모양과 비슷하군."

새 글자 만드는 것을 반대한 학사들은 '6년 연구하여 만들었다는 글자가 고작 창살을 보고 만들었느냐'고 비웃었다.

이런 소리를 듣는 학사들은 마음을 졸였다.

"상감마마께서 어떤 말씀을 하실지……."

초조한 마음을 가눌 수 없었다.

그런데 다음 날, 세종은 새 글자에 대해 이렇다 저렇다 한 마

*자학: 글자의 근원·원리·음·뜻 등을 연구하는 학문.

디 말도 없이 궁궐을 떠났다. 눈병을 치료하기 위해 청주의 초정리로 떠난 것이다.

　세종은 오래 전부터 눈병을 앓아 왔다. 그 동안 책을 너무 많이 읽고, 새 글자를 만드는 일에 몰두하여 몸이 많이 허약해진 탓이었다. 신하들이 글읽기를 그만두라고 여러 번 간청하였으나 소용없었다. 눈병은 여름 들어 더욱 심해져 이제는 글을 더 볼 수 없게 되었다.

　"전하께서 새 글자에 대한 말씀을 하시지 않고 떠났다고 해서 우리는 그 동안 가만히 앉아 있어야 되겠는가."

　정인지, 신숙주, 성삼문, 최항, 박팽년, 강희안, 이개, 이선로 등은 세종이 병 치료를 하고 돌아올 때까지 새 글자 모양의 합리성과 유효성을 더 잘 알 수 있도록 연구를 계속하였다.

　종이에 새 글자를 그려 보고 또 그려 보았다. 그리고 여러 사람들에게 새 글자의 발음을 해보도록 하고, 저마다 내는 소리를 기록하였다.

　여름이 가고 가을이 시작되던 어느 날, 온천에 갔던 세종이 궁궐로 돌아왔다.

　세종은 돌아오자마자 집현전 학사들을 내전으로 불렀다.

과연 무슨 말씀을 할까? 그 동안 눈병을 치료하느라 새 글자에 대한 생각을 못하였을 것이다. 학사들은 그렇게 생각했다.

　학사들은 그 동안 새 글자를 그려 보고 활용해 본 종이 뭉치를 가지고 내전으로 들어갔다.

　"어서들 오라."

　세종은 온 얼굴에 웃음을 띠며 반갑게 맞아 주었다.

　"그대들은 정말 큰일을 하였다. 우리는 비로소 우리 글자를 가지게 되었단 말이다!"

　학사들은 세종의 첫마디에 가슴이 떨렸다.

　"전하……."

　"그대들이 만들어 낸 글자는 참으로 훌륭하다. 글자 모양이 간단하고 쉬워 누구나 금방 배우고 쓸 수 있을 뿐 아니라 어떤 발음이나 말이라도 다 적을 수가 있더란 말이다."

　"아니…… 전하께서 벌써 새 글자를 다 보셨나이까?"

　성삼문이 놀라서 물었다.

　"자, 이것 좀 보아라."

　세종은 뒤에 놓여 있는 여러 아름의 종이 뭉치를 내보였다. 학사들은 그 종이들을 한 장 한 장 펼쳐 보았다. 모두 두 눈이 휘둥

그래졌다. 종이에는 새 글자 모양을 수없이 그려 보고, 글자의 발음을 기록해 놓은 것이었다.

세종은 눈병 치료를 하면서도 집현전 학사들처럼 새 글자에 대한 연구를 계속하였던 것이다.

"전하, 부디 옥체를 보전하시옵소서."

학사들은 고개를 들 수가 없었다. 모두 눈물을 흘리고 있었다.

이 일화로 보면, 세종이 집현전 학사들과 함께 새 글자를 만들

기 위해 음운을 공부하고 연구하여 '훈민정음'을 만든 것이다.

그러나 실록을 보면 훈민정음 창제는 세종이 6~10년에 걸쳐 혼자 만든 것으로 추측할 수 있다.

### 왜 혼자 만들었을까?

세종이 실록의 기록대로 혼자 훈민정음을 만들었다면 어떻게 만들었을까?

그리고 왜 혼자 만들었을까?

여러 자료를 참고하여 그 과정을 살펴보았다.

세종은 어려서부터 글읽기를 좋아한 책벌레이다. 임금이 된 후에도 손에서 책을 놓은 적이 없었다. 그런데 그 책들은 모두 한문으로 된 남의 나라 글이었다.

"어렵다, 어려워."

세종은 책을 읽으면 읽을수록 한문이 어렵다는 것을 깨달았다. 한자는 그 수가 1만 3천 자나 되었으며, 세월이 흐를수록 새로운 글자가 생기어 점점 더 늘어났다.

"이 글은 백성 모두를 위한 글자가 아니다."

공부를 하는 선비나 양반들만을 위한 글자라고 생각했다. 그러니 글을 모르는 백성들은 점점 무지하여 천민이 되고, 억울한 일이 생겨도 어찌할 수가 없는 것이다.

실록에서 세종은 '백성들은 법률을 몰라 억울함이 많다. 교화를 해야 하는데 백성들은 한문을 모른다. 누구나 쉽게 배울 수 있는 글자를 만들면 법을 알게 될 것이고, 그러면 죄를 짓는 일도 줄어들 것이다.'라고 하였다.

그리고 '언문으로 삼강행실을 번역하여 백성들에게 반포하면 어리석은 남녀가 모두 쉽게 깨우쳐 충신과 효자, 열녀가 많이 나올 것이다.'라고 말하였다. 이는 세종이 새로운 글자를 만드는 것은 무엇보다 무지한 백성들이 문맹에서 눈을 뜨고, 글자를 앎으로 해서 자신의 의사를 당당하게 밝힐 수 있어야 사람 노릇을 할 수 있다는 애민(백성을 사랑함) 정신에서 비롯되었음을 알 수 있다.

"간단하면서도 만 가지 우리말을 표현할 수 있는 글자가 필요하다."

세종은 중국과 일본에서 들여온 책을 탐독하고 음운을 연구하는 한편, 중국말을 배웠다.

집현전과 조정에는 음운학에 밝은 학자가 있었지만, 세종의 실력을 따를 수 없었다.

세종이 훈민정음 창제를 알렸을 때, 집현전 부제학 최만리를 비롯한 일곱 명의 학사가 반대 상소를 올렸다. 그때 세종은 최만리 등에게 이렇게 말하였다.

"너희들이 운서를 아느냐? *사성 칠음의 자모가 몇인 줄 아는가? 내가 만약 운서를 바로잡지 않으면 누가 이것을 바로잡을까?"

이때 학사들은 한 마디도 대꾸를 하지 못하였다.

이는 세종이 언어학에 대해서 공부를 많이 했다는 것을 보여 주고 있는 것이다.

세종은 어떻게 우리 글자를 만들 것인가?

이 새로운 '문자 혁명'을 누구와 할 것인가를 떠올려 보았다.

집현전에는 우수한 인재들이 많았다. 조정에도 학식이 높은 유신들이 많았다.

세종은 현실을 살펴보았다. 조선의 학문은 유학이며, 그 학문은 모두 중국의 것이고, 중국의 한문으로 되어 있다. 한문을 배우는 것은 누구인가. 양반들이다. 무지한 백성들이 한문을 배우는 것은 쉽지 않다. 그러니까 한문을 배워 유식한 양반들이 글공부를 못한 백성들을 종처럼 부리고 군림하는 것이다.

그런데 누구나 읽기 쉽고 깨우치기 쉬운 우리 글자를 만든다면 한문을 공부한 양반의 권위와 권세는 점차 사라질 것이다.

*사성칠음: 한자의 음을 소리의 높낮이와 길이로써 분류한 네 가지의 음운. 즉, 평성·상성·거성·입성. 칠음은 음운에서, 순음·설음·아음·치음·후음·반설음·반치음 등 일곱 가지의 소리.

**훈민정음 반포도**
세종대왕이 훈민정음을 반포할 때의 모습을 그린 그림. 영릉에 있다.

이런 이유로 세종이 새로운 우리 글자를 만든다고 하면 완고한 유신들은 반대할 것이 뻔하다. 그것이 나라와 백성을 위하는 일이고, 임금의 생각이고 뜻이라고 해도 결사적으로 반대할 것이다. 그러면 새 글자에 대한 구상은 시작도 해보지 못하고 끝날 것이다.

  세종의 이러한 걱정은 실제 훈민정음의 창제를 알렸을 때 잘 나타나고 있다.

최만리는 훈민정음 반포를 반대하면서 이렇게 말하였다.

"언문을 만들어야 한다면 마땅히 재상에서 신하들까지 논의한 후에 행해야 할 것인데 갑자기 널리 펴시려 하시니 그 옳음을 알지 못하겠나이다."

이는 세종이 훈민정음을 아무도 모르게 혼자 만들었음을 증명하는 것이다.

'새 글자를 만드는 것을 비밀로 하자. 나 혼자 연구하여 만들 것이다.'

세종은 이렇게 결심하고 '문자 혁명'을 시작하였다.

### 홀소리(모음) 열한 자를 만들다

세종의 서재에는 만 권의 책이 빼곡이 꽂혀 있었다. 세종은 아침에 서재로 들어가면 점심 때가 되어야 나왔다. 독서를 하다가 머리를 식히려고 뜰을 거닐었다.

"말은 어떻게 생기는가?"

아아, 어어, 산산, 나무, 나무. 세종은 목소리를 내어 보았다.

"목소리가 말이 되는 것이다."

"그렇다면 글자는 말을 전달하는 부호이다. 그러니 글자를 읽으면 바로 말이 되어야 한다."

세종은 내전에 드는 사람마다 그의 목소리를 살펴보았다. 목소리를 낼 때 입이 어떻게 움직여 어떤 모양이 되는가. 목소리의 억양은 어떤가. 높낮이는 어떻게 다른가. 맑은가 탁한가.

남자의 목소리는 굵고 탁하지만 우렁차다. 여자의 목소리는 가늘고 높으나 아름답다. 또 젊은이의 목소리는 맑고 씩씩하고, 늙은이의 목소리는 늘어지고 힘이 없다.

세종은 목소리가 어떤 작용으로 발음되는가를 자세히 살폈다.

본래의 소리는 목구멍에서 나오지만 한 마디 한 마디 발음이 되기 위해서는 여러 작용이 필요하다. 혀와 이와 입술이 서로 도와야 한다. 이가 없으면 소리가 새고, 혀와 입술이 없으면 말이 되지 않는다.

세종은 새삼 '말과 소리'의 이치가 신묘하다고 생각했다.

무슨 까닭일까?

"이게 음양과 오행의 조화일 것이다."

음양이란, '음양 사상'을 말한다. 음과 양은 사람과 모든 만물을 생성해 내는 서로 반대되는 두 기운이다. 하늘은 생명을 주고

땅은 그 생명을 낳고 기른다. 해와 달이 있어 낮과 밤 하루가 만들어지고, 남자와 여자가 있어 또 다른 생명이 태어나고, 위와 아래가 있으며, 겉과 속이 있고, 앞뒤가 있고, 왼쪽과 오른쪽이 있고, 겨울과 여름이 있다. 이것이 바로 음양의 운동이다.

오행이란 무엇인가?

오행은 우주 만물을 이루는 다섯 가지 원소로, 금(金-쇠), 목(木-나무), 수(水-물), 화(火-불), 토(土-흙)를 이른다. 오행의 원소는 온갖 만물을 생성하고 온갖 사물의 모습을 변화시킨다. 오행의 원소가 서로 \*상생상극하여 우주는 조화와 평정을 이루는 것이다.

세종은 고개를 끄덕였다. 드디어 새 글자를 만드는 데 바탕이 될 사상을 찾은 것이다.

우주 만물을 생성하고 움직이는 '음양오행' 사상에 더 보탤 것이 없는가?

"천지인삼재이다."

세종은 무릎을 쳤다.

천지인삼재(天地人三才)란, 우주의 으뜸이 되는 하늘과 땅과 사람을 가리키는 말이다. 이를 고대 사상에서는 '삼재 사상'이

---

\*상생상극 : 오행의 운행에서 각각 서로 다른 것을 낳는 일과 다른 것을 이기는 일. 상생은, 금(金)에서 물이, 물(水)에서는 나무가, 나무에서는 불(火)이, 불에서는 흙(土)이, 흙에서는 금이 나는 것을 이룸. 상극은, 금은 나무를, 나무는 흙을, 흙은 물을, 물은 불을, 불은 금을 각각 이기는 것을 이룸.

라고 하였다.

　이로써 새 글자를 만드는 원리가 정해졌다. 글자를 어떤 사물의 모양만을 본떠서 만드는 게 아니라 그 글자의 원리에 먼저 정신적인 사상과 진리를 담는 것이다.

　세종은 드디어 글자를 만들기 시작하였다. 제일 먼저 하늘의 모양을 생각하고 (ㆍ)을 그렸다. 둥근 하늘을 그린 것이다.

　다음은 땅의 모양을 생각했다. 세종은 옆으로 한 획을 그었다. (ㅡ)는 평평한 땅의 모습이다. 다음은 사람의 모양으로 (ㅣ)를 그렸다. 이는 사람이 바로 서 있는 모습이다. 이로써 천지인 삼재를 이용한 기본 세 글자가 만들어졌다. 이 세 글자는 사람이 소리를 낼 때 입이 움직이는 기본적인 모양이기도 하다. (ㆍ)는 입을 동그랗게 오므릴 때고, (ㅡ)는 옆으로 벌릴 때이고, (ㅣ)는 위 아래로 벌릴 때의 모양이다.

　세 글자에 무엇을 어떻게 보태어 완전한 글자를 만들까?

　"옳지. 음양오행을 보태어 만들자."

　먼저 사람(ㅣ)의 바깥쪽에 하늘(ㆍ)을 붙이니 (ㅏ)가 되었다. 하늘과 사람이 합해진 것이다. 다음에는 (ㅡ)에 (ㆍ)를 올려보았다. (ㅗ)는 땅과 하늘이 합해진 것이다. 그 다음은 (ㆍ)를 (ㅣ)

의 앞에 놓아 (ㅓ)를 만들고, 다시 (ㅡ) 아래에 (·)를 놓아 (ㅜ)를 만들었다.

　세종은 이렇게 (·), (ㅡ), (ㅣ) 기본 세 글자를 서로 합하여 네 글자를 만들고, 다시 (ㅣ)를 더하여 (ㅏ), (ㅗ), (ㅓ), (ㅜ) 네 글자를 만들어 여덟 글자가 되었다. 네 글자는 말할 때 입을 닫고 여는 모양을 기준으로 하였다.

　이렇게 만들어진 열한 자가 바로 오늘날 우리가 처음 글자를 배울 때 큰소리로 따라 읽는 홀소리(모음) ㅡ ㅣ ㅗ ㅏ ㅜ ㅓ ㅛ ㅑ ㅠ ㅕ · 이다. 홀소리는 '홀로 소리를 내는 글자'라는 뜻으로 중성(가운뎃소리. 한 음절의 가운데에 오는 모음)이다. 11글자 중 '·'는 지금은 쓰이지 않는다.


### 닿소리(자음) 열일곱 자를 만들다

　세종은 처음 만든 홀소리 열한 자를 종이에 수없이 그려 보았다. 하늘과 땅과 사람의 삼재와 음양오행이 잘 조화된 글자라고 생각하였다.

　"홀소리 한 가지로는 글자를 만들 수 없으니 이제 닿소리를 만들어 보자."

세종은 다시 서재에 들어가 음운에 관한 책을 읽고 연구하였다. 그중 《홍무정운》이란 책을 탐독하였다. 이 책은 중국 명나라 태조 1375년(홍무 8년)에 악소봉 등이 왕명에 따라 펴낸 음운에 관한 책이다.

"사람이 내는 소리는 일곱 가지 음으로 나타난다. 그 일곱 가지 소리는 순음(입술소리), 설음(혓소리), 아음(어금닛소리), 치음(잇소리), 후음(목구멍소리), 반설음(반혓소리), 반치음(반잇소리)이다."

이 구절에서 세종은 고개를 끄덕였다. 사람이 소리를 내는 데는 목구멍과 입과 입술, 그리고 혀와 어금니가 작용하고, 말에 따라 입 모양이 달라진다.

"바로 이거야."

세종은 무릎을 쳤다. 홀소리와 합쳐 글자가 될 닿소리(자음)는 목소리를 내는 발성 기관의 모양을 본떠서 만들어야겠다고 생각했다.

세종은 목소리가 울려 나올 때마다 발성 기관이 어떤 모양으로 움직이고, 그때마다 소리가 어떻게 들리는가를 연구하였다.

그리고 다섯 가지 소리를 내어 정리해 보았다.

"ㄱ, 어금닛소리구나."

"ㄴ, 혓소리구나."

"ㅅ, 잇소리구나."

"ㅁ, 입술소리구나."

"ㅇ, 목구멍소리구나."

"오, 참으로 신묘하구나!"

세종은 스스로 감탄하였다.

발음이 되어 나오는 소리를 글자로 써 보았다.

ㄱ, ㄴ, ㅅ, ㅁ, ㅇ.

마침내 닿소리가 탄생한 것이다.

세종은 새로 만든 글자를 왕후와 공주들을 불러 글자의 밀을 가르쳐 보았다. 글자를 발음하는 것을 시험해 보는 것이다. 왕후와 공주들은 새로운 글자를 만든다는 데에 놀라고, 만들어진 글자를 보고 신기해하였다.

세종은 이렇게 한글을 혼자 만들면서 나중에 왕후나 공주, 대군 왕자들의 도움을 받은 것이다. 그러나 조정이나 집현전에는 절대 비밀로 하였다.

훈민정음 창제를 발표했을 때 열일곱 자의 닿소리를 이렇게 정리하였다.

·ㄱ은 어금닛소리다. '군' 자의 처음 나는 소리와 같다.
·ㄱ을 나란히(ㄲ) 쓰면 '뀨'의 처음 나는 소리와 같다.
·ㅋ은 어금닛소리다. 쾌(快) 자의 처음 나는 소리와 같다.
·ㆁ은 어금닛소리다. 업(業) 자의 처음 나는 소리와 같다.
·ㄷ은 혓소리이다. 두(斗) 자의 처음 나는 소리와 같다.
·ㅌ은 혓소리이다. 탄(呑) 자의 처음 나는 소리와 같다.
·ㄴ은 혓소리이다. 나(那) 자의 처음 나는 소리와 같다.
·ㅂ은 입술소리이다. 별(彆) 자의 처음 나는 소리와 같으니, ㅂ을 나란히 쓰면(ㅃ) *보(步) 자의 처음 나는 소리와 같다.
·이외에 ㅂ ㅍ ㅁ ㅈ ㅊ ㅅ ㆆ ㅎ ㅇ ㄹ ㅿ 자 등이다.

이로써 세종은 홀소리 11자, 닿소리 17자, 모두 28자의 우리 글자를 만들었다.

　이제 남은 일은 글자의 꼴을 갖추는 것이다. 홀소리와 닿소리의 모든 낱글자는 완전한 글자가 될 수 없다. 홀소리와 닿소리가 합쳐져야 완전한 글자가 되는 것이다.

　어떻게 합쳐서 글자의 꼴을 만들까?

*보 : 훈민정음의 한자음은 우리의 현실 한자음이 아니라, 중국음에 맞추고자 했다. 그래서 보(步) 자의 닿소리를 쌍비읍으로 표기한 것이다. 이것을 이른바 《동국정운》식 한자음 표기라고 한다. 이 한자음 표기는 오래 계속되지 못하고 성종 때 폐지되고 만다.

글자는 초성(첫소리), 중성(가운뎃소리), 종성(끝소리) 등 세 가지를 합하여 만들고자 하였다.

모음은 중성이고, 자음은 초성이다.

세종은 오랫동안 생각한 끝에 한 방법을 생각해 냈다.

"아들(자음)은 어머니(모음) 등에 업혀서 자라지 않는가!"

그래서 자음을 모음 등에 업혔다.

가갸거겨고교구규……나냐너녀……다댜더뎌…….

그리고 가나다라마바사아자차카타파하.

이는 첫소리 글자와 가운뎃소리 글자가 합하여 글자가 된 것이다. 다음은 첫소리 글자와 가운뎃소리 글자, 그리고 끝소리 글자를 합하여 '강', '산'을 썼다.

"이제 됐다. 완전한 글자가 되었어."

세종은 새 글자를 '훈민정음'이라고 이름지었다.

이렇게 훈민정음 28자가 완성되었을 때쯤 세종은 안질이 심하였다. 눈병뿐 아니라 소갈증에 혈압이 높았다. 밤낮 없이 우리 글자를 만드느라 건강을 돌보지 아니하였다.

어의와 왕후가 눈병 치료를 위해 청주 초정리로 휴양할 것을 권유하였다. 그러나 세종은 정사가 바쁘다는 이유로 듣지 아니

 **훈민정음 28자**

세종이 만든 '훈민정음'은 28자이다. '훈민정음'이란 '백성을 가르치는 바른 소리'라는 뜻이다. 훈민정음은 독창적이며, 천지인삼재·음양오행의 사상과 목소리를 내는 발성 기관의 작용을 연구하여 과학적 원리에 의해 만들어졌으며, 우리말을 소리나는 대로 쓸 수 있고 누구나 익히기 쉽다. 1997년 유네스코에 의해 세계 기록 유산으로 지정되었다.

닿소리(자음) 17자

ㄱ ㅋ ㆁ ㄷ ㅌ ㄴ ㅂ ㅍ ㅁ ㅈ ㅊ ㅅ ㆆ ㅎ ㅇ ㄹ ㅿ

홀소리(모음) 11자

ㅡ ㅣ ㅗ ㅏ ㅜ ㅓ ㅛ ㅑ ㅠ ㅕ ㆍ

28자 중 'ㅿ ㆆ ㆁ ㆍ' 4자는 오늘날 쓰이지 않는다.

하였다. 이에 조정의 중신들까지 나서서 간청하니 그제야 세종은 거둥(임금의 나들이)하기로 결정하였다. 이때 세종은 새로 만든 글자를 연구하기 위해 음운 책과 자료를 가지고 휴양지로 떠났다.

**널리 빨리 읽히어라**

1443년(세종 25) 12월 30일, 세종은 '훈민정음' 28자를 창제하였음을 발표하였다.

머리 글에는 이미 밝힌 대로 이렇게 말하고 있다.

"우리나라 말이 중국과 달라서 서로 통하지 아니하였다. 따라서 우리 백성들이 말하고자 하는 것이 있어도 자기의 뜻을 글로 써서 나타내지 못하는 사람이 많았다. 나는 이를 가엾게 여겨 새로 스물여덟 글자를 만들었다. 모든 사람이 이것을 쉽게 익혀서 날마다 쓰는 데 불편함이 없고자 할 따름이다."

조정 신하들과 집현전 학사들은 놀라움을 금치 못하였다. 그 동안 세종이 음운학에 관한 책을 읽고 연구한 것을 알고 있는 정인지, 신숙주, 성삼문은 그제야 의문이 풀렸다고 생각했다.

세종은 종이에 쓴 글자와 기록을 앞에 내놓았다. 중신들과 학사들은 호기심어린 눈으로 글자를 살펴보았다. 어디에서도 본 적이 없는 독특한 글자였다.

세종은 글자를 만든 원리를 설명하고, 한 자 한 자 글자에 대한 기록을 읽어 보였다. 중신들과 학사들의 입에서 탄성이 절로 나왔다.

"전하, 전하의 영명하심에 신들은 그저 놀라울 따름입니다."

정인지가 떨리는 목소리로 말하였다.

"이제부터 조정이나 집현전은 할 일이 많소. 과인이 이르는 말을 속히 따라 주기 바라오."

세종은 정음을 온 나라에 반포하기 위한 준비를 하기 위해 '정음청'이라는 관청을 임시로 만들었다.

"제일 먼저 '훈민정음 해례편'을 만드시오."

해례란, 정음을 만들게 된 원리와 각 글자의 풀이, 글자를 합하여 쓰는 방법, 글자를 사용하는 방법 등을 말한다. 이 작업은 정인지, 신숙주, 성삼문, 최항, 박팽년, 이개, 이선로, 강희안 등이 왕명을 받아 참여하였다.

세종은 오랜 세월 한문에 물든 조정 신하들과 무지한 백성들에게 정음을 빨리 널리 알리고자 하였다.

집현전은 《홍무정운 역훈》《동국정운》 등의 음운학 책을 정음으로 번역하도록 하고, 백성들을 교화하기 위해서 《삼강행실도》《사서오경》《내훈》 등을 번역하도록 하였다. 그리고 관리를 뽑는 시험이나 관청의 서류에 정음을 사용하도록 하였다.

1445년(세종 27)에는 조선 건국의 시조들을 찬양하고 왕조의 창건을 노래한 대서사시 '용비어천가'를 우리말로 옮겼으며, 1447년(세종 29)에는 수양대군(훗날 세조)에게 명하여 소헌왕후의 명복을 비는 '월인천강지곡'을 우리 글로 지었다.

이렇게 세종은 우리말 정음을 보급하고 활용하는 데 온갖 노력을 다하였다.

한편 집현전 부제학 최만리는 훈민정음을 연구하는 정음청 신설을 반대하고, 훈민정음 창제가 부당하다는 상소를 올렸다.

상소의 글은 다음과 같다.

'조선은 대국(중국)을 섬겨 와 하나같이 그 제도를 따르고 같은 글자를 써 왔는데 이런 때에 언문을 창작한 것은 해괴한 일이다. 신라 설총의 이두는 우리를 위한 것이지만 다 중국에서 글자를 빌어서 사용해서 중국과 동떨어진 것이 아니다.

수천 년 동안 중국 글자를 써 오는 데는 아무 문제가 없는데 무엇 때문에 도움이 될 것이 없는 언문을 따로 만들어 쓰려는가. 만약 언문을 쓴다면 관리들은 언문만 배우고 한문은 배우지 않을 것이다.

청주 초정리 약수터에 거둥할 때 흉년으로 기근이 심하였는데도 주상께서는 급한 일보다는 언문에 관한 일을 행재소에서 다루었다. 이는 백성을 다스리는 데 하나도 이롭지 않다 등등.'

상소에는 집현전의 부제학 최만리, 직제학 신석조, 직전 김문, 응교 정창손, 부교리 하위지, 부수찬 송처검, 자작랑 조근 등 일곱 학사의 이름이 적혀 있었다.

세종은 상소에 비답(상소에 대한 임금의 답)을 보내고, 다시 이들을 불러 상소에 대해 조목조목 설명하고 설득하고 타일렀다. 그러나 일곱 학사는 조금도 수그러들지 않고 끝까지 한글 창제를 반대하였다.

"그대들이 어찌 과인의 마음을 이리도 모르느냐."

세종은 할 수 없이 일곱 학사를 감옥에 가두었다. 그러나 하루가 지나 바로 풀어 주었다.

이토록 세종은 집현전 학사들을 아끼고 사랑하였다.

# 동별궁에서 숨을 거두다

세종의 치세는 태평성대였다. 나라는 부강하였으며, 문화, 과학, 예술이 꽃을 피우고, 우리의 글자가 만들어졌다. 이는 백성을 사랑하고, 끊임없이 공부하고 쉼 없이 나랏일을 한 성군이 있었기 때문이다.

1446년(세종 28) 9월. 마침내 훈민정음을 온 나라에 반포하였다. 때를 맞추어 《훈민정음 해례본》도 펴내었다. 그러나 이 해는 세종에게 가장 슬픈 한 해이기도 하다. 왕비 소헌왕후가 3월에 승하하였다.

이즈음 세종은 여러 가지 병으로 몸이 쇠잔해 있었다. 풍증(고혈압), 소갈증(당뇨), 안질, 수전증에 백내장 등 온갖 병을 다 앓고 있었다. 그리고 왕비를 떠나보낸 마음의 병도 깊었다.

세종은 마음을 의지할 곳이 없었다. 정사는 세자에게 맡기고, 궁궐 안에 내불당을 지어 불공을 드리며 마음을 달래고자 하였다. 그러나 조정 신하들이 극렬히 반대하였다. 세종은 초기에 불교를 반대하는 억불정책을 폈다. 조정의 모든 신하들이 반대하자 세종은 선위를 하겠다고 맞섰다. 이에 신하들이 반대를 거두어 결국 내불당이 지어졌다.

그러던 1450년 1월, 세종은 중풍으로 쓰러졌다. 이때 원래 몸이 약한 세자도 등에 부스럼이 많이 나 몸져 누워 있었다. 그래서 명나라에서 오는 사신 영접을 수양대군이 하였다. 이때 수양대군은 부왕의 명으로 중요한 정사를 자주 처리하였다.

세종은 몸이 조금 회복되자 편전에 나와 다시 정사를 처리하다가 또 쓰러졌다.

"내 몸이 다하였구나."

세종은 다가오는 운명을 예감하였다. 불심이 깊은 둘째 형 효

령대군 집으로 옮겼다. 그러나 곧 영웅대군의 동별궁으로 옮겼다. 영웅대군은 세종의 여덟째 아들로 세종이 유난히 예뻐하였다. 이곳에서도 세종은 아픈 몸을 가누고 정사를 돌보았다.

1450년(세종 32) 2월 17일(양력 4월 8일). 봄볕이 따스했다. 하루 낮이 지나고 밤이 되었다.

세종은 마음이 편안하였다. 모든 것이 마음과 손에서 떠났음을 알았다.

달이야 밝으시고
밝기도 밝으시오
억천만 년 덮으신 빛
함함도 하시외다

천 년을 지내나 만 년을 지내나
달님은 우리들의 어머니시라
간 곳마다 굽어 웃으시니
달님은 뭇백성의 어머니시라
달님은 우리들의 어머니시라

**세종대왕의 무덤 영릉**
경기도 여주에 있다. 조선 왕들의 무덤 가운데 가장 터가 좋다고 한다. 무덤 앞 건물은 정자각이다.

월인천강지곡의 노래가 귀에서 아스라이 멀어져 갔다.

세종은 조용히 눈을 감았다.

세종이 임금 자리에 나간 지 32년째요, 그때 나이 54세였다.

# 펼쳐라! 생각그물

| | |
|---|---|
| **역사 박사 첫걸음** | 세종은 책벌레이고 공부벌레였다 |
| **역사 지식 꼼꼼 보기** | 훈민정음에서 한글까지 |
| **역사 지식 곁보기** | 집현전의 여덟 학사와 일곱 학사 |
| **역사 지식 돋보기** | 세종대왕 때 탄생한 위대한 과학 발명품 |
| **한 걸음 더 역사 따라가기** | 단종의 비극과 집현전 학사들의 운명 |
| **숨겨진 이야기 천기누설** | 질병의 고통 속에서도 오직 백성 사랑 |

# 세종은 책벌레이고 공부벌레였다

　세종대왕은 조선 500년의 27명 임금 중에서 가장 훌륭한 임금으로 추앙받고 있다.

　세종이 나라를 다스린 시대를 '정치와 문화, 그리고 과학의 황금시대'라고 부른다. 정치, 사회, 문화, 학문, 과학, 예술 등 모든 분야에서 큰 업적을 일구었으며, 그런 업적들은 조선이라는 나라의 기틀을 튼튼히 다지는 바탕이 되었다.

　세종대왕의 무엇이 이렇게 나라를 부흥으로 이끌었을까?

　그것은 '독서의 힘'이었다.

### 병이 나도 손에서 책을 놓지 않았다

　세종대왕은 지독한 책벌레였으며 공부벌레였다. 어려서부터 책읽기를 좋아하여 밤을 지새워 책을 읽었으며 병이 나도 책을 읽었다. 아버지 태종은 과거를 볼 선비

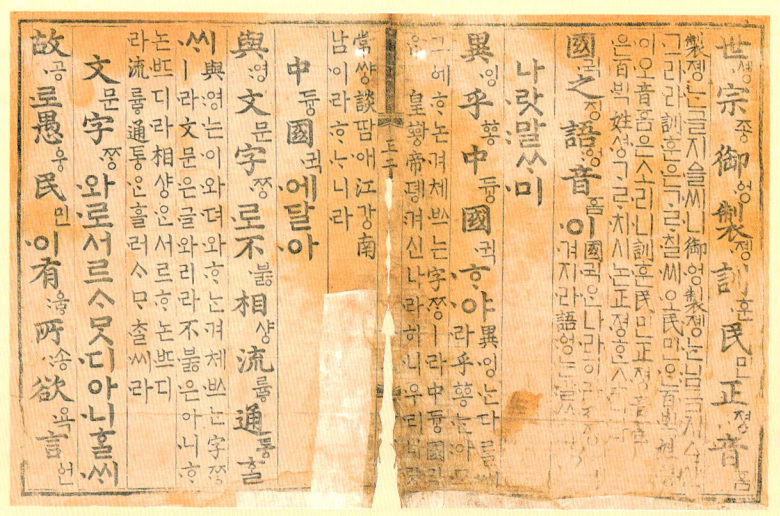

〈훈민정음 언해본〉
훈민정음은 처음 책으로 만들어질 때 한자로 쓰여 있었다. 언해본은 그것을 우리말로 번역한 것이다.

도 아닌데 왜 그토록 고생하며 책을 보느냐고 꾸지람까지 하였다.

　세종은 임금이 되어서도 손에서 책을 놓지 않아 밥을 먹을 때에도 반드시 책을 좌우에 펼쳐 놓았다. 중국으로 가는 사신들에게 보고 싶은 책의 제목을 적어 주고 사오도록 하였으며, 명나라 황제에게 책을 구해 달라는 편지를 쓰기도 하였다.

### 나라와 백성을 섬기는 깊은 사상은 '독서의 힘'

　이렇듯 책을 읽은 세종의 '독서의 힘'은 무엇으로 나타났을까?

　바로 예지와 사상이었다. 역사, 천문학, 과학, 음악, 농학, 법률, 군사, 정치 등 모든 분야의 지식을 쌓으며 이론적, 실천적 지혜를 쌓게 되었다. 그리고 나라와 백성을 생각하고 섬기는 깊은 사상을 터득하게 되었다.

### 만 권의 책을 독파한 성군

　독서가인 세종대왕은 임금이 되자 공부벌레가 되었다. 그것은 경연을 통해서이다. 경연은 어전에서 경서를 강론하는 공부이다. 세종은 한 번도 빠지지 않고 경연에 몰두했으며, 공부한 책을 읽고 또 읽었다. 그리고 조정의 유신들과 종친, 집현전 학사들에게 책읽기를 권장하고 주자소에서 만든 책을 나눠 주기도 하였다.

　이렇게 책을 좋아한 세종은 평생에 만 권의 책을 독파하였다고 한다. 그러니 세종대왕이 나라를 다스린 힘, 즉 태평성대를 이룰 수 있었던 원인은 '독서'부터 시작된 것이라고 할 수 있다.

# 훈민정음에서 한글까지

'훈민정음'은 '백성을 가르치는 바른 소리'라는 뜻이며, 줄여서 '정음'이라고도 부른다.

훈민정음의 28자는 다음과 같다.

닿소리(자음) 17자

ㄱ ㅋ ㆁ ㄷ ㅌ ㄴ ㅂ ㅍ ㅁ ㅈ ㅊ ㅅ ㆆ ㅎ ㅇ ㄹ ㅿ

홀소리(모음) 11자

ㅡ ㅣ ㅗ ㅏ ㅜ ㅓ ㅛ ㅑ ㅠ ㅕ ·

28자 중 'ㅿ ㆆ ㆁ ·' 4자는 오늘날 쓰이지 않는다.

지금 쓰이고 있는 '한글'의 닿소리와 홀소리는 아래와 같다.

닿소리

ㄱ ㄴ ㄷ ㄹ ㅁ ㅂ ㅅ ㅇ ㅈ ㅊ ㅋ ㅌ ㅍ ㅎ

기역 니은 디귿 리을 미음 비읍 시옷 이응 지읒 치읓 키읔 티읕 피읖 히읗

홀소리

ㅏ ㅑ ㅓ ㅕ ㅗ ㅛ ㅜ ㅠ ㅡ ㅣ

아 야 어 여 오 요 우 유 으 이

한글이 글자를 이루는 데는 기본적인 원칙이 있다.

첫째, 닿소리와 홀소리 모든 글자는 낱자로는 한 글자를 이루지 못하고 다른 낱글자와 합하여 쓴다. 그것은 낱글자로는 음절(소리마디)을 이룰 수 없기 때문이다.

첫소리(초성) 글자 'ㄱ'과 가운뎃소리 글자(중성) 'ㅏ'를 합하여 '가'로 쓴다. 또는 첫소리 글자와 가운뎃소리 글자, 그리고 끝소리(종성) 글자를 합하여 '강'을 쓴다.

두 번째, 하나의 글자가 되기 위해서는 첫소리 글자는 닿소리로, 가운뎃소리 글자는 홀소리를 쓰며, 끝소리 글자는 다시 첫소리 글자로 쓴다.

세 번째, 홀소리 중 옆으로 긴 글자(ㅡ ㅗ ㅜ ㅛ ㅠ)는 아래쪽에 쓰고, 글자가 긴 홀소리(ㅏ ㅓ ㅑ ㅕ)는 오른쪽에 쓴다.

가
* ㄱ는 첫소리(초성), ㅏ는 가운뎃소리(중성)

강
* ㄱ는 첫소리(초성), ㅏ는 가운뎃소리(중성), ㅇ은 끝소리(종성)

우리
* '우'의 닿소리(ㅜ) 아래쪽에. '리'의 닿소리(ㅣ) 오른쪽에.

## 정렬 순서

**첫소리**

ㄱ ㄲ ㄴ ㄷ ㄸ ㄹ ㅁ ㅂ ㅃ ㅅ ㅆ ㅇ ㅈ ㅉ ㅊ ㅋ ㅌ ㅍ ㅎ

**가운뎃소리**

ㅏ ㅐ ㅑ ㅒ ㅓ ㅔ ㅕ ㅖ ㅗ ㅘ ㅙ ㅚ ㅛ ㅜ ㅝ ㅞ ㅟ ㅠ ㅡ ㅢ ㅣ

**끝소리**

ㄱ ㄲ ㄳ ㄴ ㄵ ㄶ ㄷ ㄹ ㄺ ㄻ ㄼ ㄽ ㄾ ㄿ ㅀ ㅁ ㅂ ㅄ ㅅ ㅆ ㅇ ㅈ ㅉ ㅊ ㅋ ㅌ ㅍ ㅎ

훈민정음을 창제할 때 자모의 이름을 무엇이라고 썼는지는 알 수 없다.

1527년 최세진이 지은 《훈몽자회》에서 자음과 모음의 순서를 많이 쓰는 순으로 정하고, ㄱ을 기역, ㄴ을 니은이라는 이름을 붙였다.

이후 1894년(고종 31년) 갑오개혁에서 마침내 한글을 나라의 글자(국문)로 인정하

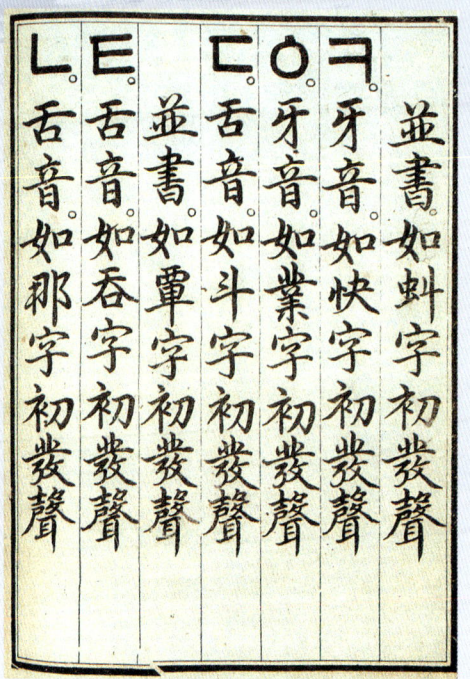

《훈민정음 해례》
한글을 지은 뜻과 사용법 따위를 풀이한 책.
1940년 경상북도 안동의 이한걸 집에서 발견되었으며, 국보 70호로 지정되었다.

였으며, 1894년 11월 21일의 칙령 제1호 '공문식' 제14조 및 1895년 5월 8일의 칙령 제86호 '공문식' 제9조에서 법률 및 명령을 모두 국문을 바탕으로 삼고 한문 번역을 붙이거나 국한문을 섞어 쓰도록 하였다.

1896년 4월 7일은 '한글'의 뜻 깊은 날이었다. 우리나라 최초의 신문인 〈독립신문〉이 창간되었는데, 신문의 기사를 과감하게 한글 전용과 띄어쓰기를 단행하여 국어 운동사에 획기적인 업적을 이룬 것이다.

국어학자이며 국어운동가인 주시경 선생이 1921년 '조선어연구회'를 만들어 '한글'이라는 이름을 짓고 우리말과 한글을 연구하였다. '한글'은 크다와 하나라는 뜻을 나타낸다. 선생은 일제 강점기 시대에 국가의 독립을 이루기 위해서는 언어의 독립이 가장 중요하여 무엇보다 먼저 말과 글을 갈고 닦아야 한다고 역설했다. 주시경 선생은 《대한국어문법》을 지었으며, 1933년 마침내 '한글 맞춤법 통일안'이 발표되었다. 이후 국어학자 최현배 선생은 1937년 《우리말본》을 펴내면서 한글 전용, 국어 순화 등 실용적인 어문 활동에 힘써 많은 업적을 남겼다.

영국의 역사학자 존 맨은 한글을 가리켜 '모든 언어가 꿈꾸는 최고 알파벳'이라고 극찬하였다. 옥스퍼드 대학에서 세계의 모든 문자에 순위를 매긴 결과 우리 '한글'이 1위를 차지하였다. 이처럼 세종대왕은 560여 년 전에 무한한 창의력으로 세계 최고의 문자 혁명을 일으킨 것이다.

# 집현전의 여덟 학사와 일곱 학사

　1443년(세종 25) 세종대왕은 훈민정음 28자를 창제하였음을 발표하였다. 그러나 새롭게 만든 우리 글자를 바로 백성들이 사용한 것은 아니다. 세종은 언문청과 정음청을 만들어 훈민정음을 꼼꼼하게 연구하도록 하였는데, 이 일을 집현전 학사들이 맡았다. 이때 세종의 뜻을 적극적으로 받들어 훈민정음을 연구한 학자들은 정인지, 신숙주, 성삼문, 최항, 박팽년, 이개, 강희안, 이선로 등 여덟 사람이었는데, 이들을 '집현전 여덟 학사'라고 부른다.

　이들은 《훈민정음 해례》를 완성하는데, 이 책은 훈민정음의 원리를 한문으로 자세하고 간결하게 설명한 연구서이다.

　이처럼 훈민정음을 창제하고 반포하는 데 기여한 학사들이 있는가 하면, 훈민정음 반포를 강력하게 반대한 학자들도 있었다. 최만리, 신석조, 김문, 정창손, 하위지, 송치검, 조근 등 일곱 학사였는데, 이들을 가리켜 '집현전 일곱 학사'라고 부른다.

　이들은 훈민정음을 창제한 이듬해인 1444년(세종 26) 2월 반대 상소를 올리는데, 이들 또한 훈민정음을 연구하고 분석하여 조목조목 따지듯이 반대하며 성현의 문자인 한문을 배워야 한다고 주장하였다. 이에 세종은 이들과 토론하고 설득하지만 끝까지 주장을 굽히지 않자 의금부에 가두었다가 바로 다음 날 풀어 주었다.

　이후 세종은 3년 동안 훈민정음의 시험을 거쳐 1446년(세종 28) 9월(양력을 10월) 마침내 훈민정음을 세상에 널리 반포하였으며, 이것이 오늘날 우리가 사용하는 한글인 것이다.

역사지식 돋보기

# 세종대왕 때 탄생한 위대한 과학 발명품

### 우리나라 과학이 가장 꽃을 피운 때는 언제인가?

바로 세종 시대라고 말한다.

장영실, 이순지, 이천, 김조, 김돈 등 우수한 과학 기술자와 천문학자들이 있었다. 수많은 과학 발명품이 있지만 그 중에도 주요한 과학 업적을 연대별로 살펴본다.

1424년, 박연이 제작한 우리의 타악기 '편경'을 제작하였고, 1427년 한국 최고의 의학서로 꼽히는 《향약구급방》을 간행했다. 1430년, 농사 기술서인 《농사직설》을 간행하여 배포했으며, 1433년 종합적인 향약의서인 《향약집성방》을 완성했고, 천문기구인 '혼천의'와 물시계 '자격루'를 제작하였다.

혼천의
"하늘은 달걀처럼 둥근 모양을 하고 달걀 노른자 같은 땅을 둘러싸고 돈다"는 학설에 의해 만들어진 '천문 시계'.

1434년에는 새 금속활자 '갑인자'를 만들어 인쇄술이 발달되면서 더 많은 책을 간행하게 되었고, 해시계 '앙부일구'를 제작하여 종로 거리에 설치했다.

1441년에는 강수량을 측정하는 '측우기'를 제작하였는데, 이는 세계 최초의 우량계이다.

1442년에는 우리나라의 역법 체계를 연구한 《칠정산 내·외편》이 완성되는데, '칠정산'이란 '7개의 움직이는 별을 계산한다'라는 뜻이다.

1443년에는 가장 위대한 발명으로 꼽히는 '훈민정음'을 창제하였으며, 1445년에는 사정거리가 1,300보나 되는 '화포'를 제작하였다.

이렇듯 세종 시대의 과학 발명품은 눈부시고 위대하였다.

**앙부일구(오목 해시계)**
하늘을 쳐다보는 솥단지 모양의 해시계이다. 많은 사람들이 모이는 종로 거리에 세워 놓은 최초의 공중 시계였다.

**일성정시의**
낮과 밤의 시간을 재는 천문 관측 기구이다. 1437년에 발명했다.

**갑인자**
장영실과 이천이 세종의 명령으로 만든 금속활자. 갑인년(1434년)에 제작했다 하여 '갑인자'라고 부른다.

**자격루(자동 물시계)**

# 단종의 비극과 집현전 학사들의 운명

태평성대를 이룬 세종 시대를 이어 조선 제5대 왕에 오른 사람은 맏아들 문종이다. 그러나 문종은 원래부터 병약하여 재위 2년 3개월 만에 세상을 떠났다. 이어 제6대 왕에 오른 사람은 문종의 맏아들인 열두 살의 단종이다. 왕이 20세가 안 되었기 때문에 수렴청정을 해야 했지만 당시 왕실에는 대비나 왕비가 없었다.

조정에는 문종의 고명(임금이 유언으로 뒷일을 부탁함)을 받든 영의정 황보인과 좌의정 김종서가 충심으로 단종을 도와 정사를 돌보았다. 그러나 단종은 불안했다. 작은아버지인 수양, 안평, 임영, 광평, 금성 등 대군들이 세력을 넓히며 왕권을 위협했다.

그리고 마침내 1453년(단종 2) 10월 10일, 수양대군이 '계유정난'을 일으켜 황보인, 김종서, 조극관 등 단종을 보필하던 신하들을 반역죄로 죽이고 권력을 장악하였다. 1455년, 수양대군은 어린 조카인 단종을 위협하여 왕위를 찬탈하고 임금 자리에 오르는데, 그가 제7대 왕 세조이다.

세조가 임금에 오르면서 집현전 학사들의 운명도 서로 엇갈리게 되었다. 집현전 학사들은 세종대왕이 특별히 총애하던 신하들이었고, 학사들 또한 세종대왕에게 충성을 다하여 나라의 발전을 이끌었던 인재들이었다. 그중 성삼문, 하위지, 이개, 유성원, 박팽년, 유응부 등은 여러 차례 집현전에 모여 단종 복위를 꾀하고, 1456년(세조 2) 6월 창덕궁에서 명나라의 사신을 맞이하는 자리에서 세조를 제거할 계획을 세운다. 그러나 이 거사는 단종의 복위 운동에 참여한 김질의 고변으로 실패하게 되고, 주모자인 성삼문,

집현전 학사로 많은 공을 세운 신숙주는 세조의 난을 도와 절개를 깨뜨린 훼절자로 불린다.

박팽년, 하위지, 이개, 유성원, 유응부는 모두 처형당했다. 왕위를 찬탈한 세조를 인정하지 않고 끝까지 한 임금에 대한 충절을 지킨 이들을 가리켜 '사육신'으로 불린다.

사육신 중 맨 앞에 이름을 올리는 성삼문은 신숙주와 함께 세종의 총애를 한 몸에 받던 인재였으며, 두 사람은 학문적인 동지이며 친구였다. 그러나 성삼문은 새로운 임금을 섬기지 않아 능지처참을 당하고, 가문은 멸문지화를 당했다. 그러나 신숙주는 정난공신의 1등 공신에 오르고, 이후 세조를 도와 영의정에 올랐으며, 세종, 문종, 단종, 세조, 예종, 성종에 이르는 6대 임금을 섬기었다. 후세에 절개를 깨뜨린 훼절자로 불리나, 뛰어난 학식과 문재를 갖추어 조선 초기의 문물을 정비하는 데 크게 공헌을 했다.

사육신의 한 사람인 성삼문 영정.

사육신묘
세조 때에 단종 복위 운동을 하다가 죽임을 당한 여섯 명의 신하를 모셔 놓은 묘.
서울시 동작구 노량진동에 있다.

# 질병의 고통 속에서도
## 오직 백성 사랑

　재위 32년 동안 위대한 업적을 남긴 세종대왕은 건강했을까? 부지런히 일을 하려면 무엇보다 튼튼한 체력을 타고나야 하기 때문이다. 그러나 세종대왕은 28세의 젊은 나이 때부터 질병으로 고통을 겪었다.

　1442년(세종 24) 5월, 세종대왕은 건강이 나빠져 국사를 세자(문종)에게 맡기려고 하자 신하들이 반대한다. 그때 세종대왕은 이렇게 말한다.

　"내가 젊어서부터 한쪽 다리가 치우치게 아파서 십여 년 동안 고통을 받다가 조금 나았으며, 또 등에 종기를 앓기 시작한 지 오래다. 너무 아플 때는 마음대로 돌아눕지도 못하여 그 고통을 참을 수가 없다."

　세종대왕은 스스로 병자임을 말하고 있으며, 그 고통으로 고생하고 있음을 알 수 있다.

　이뿐 아니다. 어려서부터 책을 너무 읽어 눈병을 달고 살았는데 나중에는 안질(백내장)이 심하여 한 걸음 앞의 사람도 알아볼 수가 없었다. 가슴이 불안하게 뛰는 심장병, 목이 말라 자꾸 물을 찾는 소갈증(당뇨병), 신경을 너무 많이 써 생기는 풍병, 방광염, 종기 등 한마디로 합병증을 앓고 있는 심한 병자였다.

　"한 가지 병이 겨우 괜찮아지면 또 다른 병이 생기니 나의 쇠약함이 심하여 정사를 돌보는 데 자신이 없다."

　세종대왕은 병을 고치기 위해 온양으로 행차하여 온천 치료를 하고, 초정리로 가 약수로 치료를 하기도 했으나 큰 효험이 없었다.

　이렇듯 평생 온갖 병마와 싸우면서도 세종대왕은 굳은 의지와 정신으로 많은 일을 하여 큰 업적을 남겼으며, 마침내는 온몸이 쇠잔하여 54세의 일기로 일생을 마쳤다.

# 세종대왕 연표

**1419년** (세종 1)_ 6월, 삼군도제찰사 이종무가 대마도를 정벌함.
9월, 정종 승하함.

**1420년** (세종 2)_ 1월, 효자·절부·의부 등, 41명을 표창함.
3월, 집현전을 확장하여 영전사·대제학·제학·부제학·직제학 등의 녹관을 둠.
7월, 세종의 어머니 원경왕후 세상을 떠남.

**1421년** (세종 3)_ 3월, 주자소에서 경자자를 완성하고 인쇄법을 개량함.
10월, 장자 향을 세자로 책봉함.

**1422년** (세종 4)_ 2월, 왕의 딸을 공주로 칭하게 함.
5월, 태종이 연화방 신궁에서 승하함.

**1423년** (세종 5)_ 9월, 조선통보를 주조하게 함.

**1424년** (세종 6)_ 9월, 《향약구급방》을 간행함.

**1425년** (세종 7)_ 2월, 처음으로 동전을 사용함.

**1426년** (세종 8)_ 2월, 《속육전》을 완료함.
12월, 권채, 신석견 등 집현전 학사에게 사가독서를 하게 함.

**1427년** (세종 9)_ 5월, 박연이 경기 남양에서 나는 경돌로 편경을 만듦.

**1428년** (세종 10)_ 12월, 일본에 통신사를 보냄.

**1429년** (세종 11)_ 5월, 정초 등이 《농사직설》을 편찬함.

**1430년** (세종 12)_ 2월, 《농사직설》을 반포함.

**1431년** (세종 13)_ 3월, 《태종실록》 완성.
9월, 황희를 영의정으로, 맹사성을 좌의정으로 삼음.

**1432년** (세종 14)_ 1월, 맹사성 등이 《신찬팔도지리지》를 편찬함.
6월, 설순 등이 《삼강행실도》를 편찬함.

**1433년** (세종 15)_ 3월, 온양으로 온천을 떠남.
4월, 최윤덕 등이 파저강 야인을 토벌함.
6월, 《향약집성방》 간행함. 정초 등이 '혼천의'를 만듦.
6월, 9월, 장영실이 자격루를 만들고, 상호군 벼슬을 줌.

**1434년** (세종 16)_ 1월, 신문고를 승문고라고 고침.
4월, 《삼강행실도》를 간행함.
7월, 이천이 새 활자 갑인자를 만듦.
10월, 해시계 '앙부일구'를 제작함.

**1435년** (세종 17)_ 9월, 주자소를 경복궁 안으로 옮김.

**1436년** (세종 18)_ 1월, 납활자 병진자를 만듦.
4월, 《자치통감훈의》를 편찬함.
9월, 회령부를 축성함.

**1437년** (세종 19)_ 9월, 이천 등이 파저강 야인을 정벌함.
10월, 경원·경흥을 축성함.

**1438년** (세종 20)_ 1월, 장영실이 흠경각을 완성함.
2월, 일본 지도를 완성함.

**1439년** (세종 21)_ 11월, 충청도 면천성을 쌓음.

**1440년** (세종 22)_ 3월, 성혼기를 정해서 남자 16세, 여자 14세 이상으로 함.

**1441년** (세종 23)_ 장영실이 '측우기'를 만듦.

**1442년** (세종 24)_ 6월, 종친이 이씨 성과 혼인하는 것을 금지함. 《칠정산 내·외편》을 편찬함.

**1443년** (세종 25)_ 11월, 전제상정소를 둠.
12월, 훈민정음 28자를 창제함.

**1444년** (세종 26)_ 2월, 훈민정음으로 《운회》를 번역하게 함. 최만리, 정창손 등이 훈민정음의 반대 상소를 함. 눈병을 고치기 위해 초정리로 떠남.

**1445년** (세종 27)_ 1월, 신숙주·성삼문 등을 요동에 보내어 운서에 대한 자를 수집케 함.
3월, 4월, 권제 등이 《용비어천가》 10권을 완성함.

**1446년** (세종 28)_ 3월, 왕비 소헌왕후가 수양대군 저택에서 승하함. '화포'를 제작함.
9월, 훈민정음을 반포함. 《훈민정음(해례본)》을 만듦.
11월, 언문청을 설치하고, 12월에는 과거 시험에 훈민정음을 시험 과목으로 정함.

**1447년** (세종 29)_ 《월인천강지곡》을 만듦.
9월, 《동국정운》을 완성함.

**1448년** (세종 30)_ 4월, 원손 홍위를 왕세손으로 책봉.
11월, 정업원을 철폐함.

**1449년** (세종 31)_ 2월, 김종서 등에게 《고려사》를 고쳐 쓰게 함.

**1450년** (세종 32)_ 2월 17일(양력 4월 8일), 세종대왕이 영응대군 집 동별궁에서 승하함. 왕세자 문종 즉위함.

**도움을 받은 책**
한국인명대사전, 한국인명사전편찬위원회, **신구문화사**
세종대왕, 홍이섭, **세종대왕기념사업회**
세종-조선의 표준을 세우다, 이한우, **해냄**
한권으로 읽는 세종대왕실록, 박영규, **웅진지식하우스**
한글을 만든 원리, 김명호, **학고재**
한글의 슬기와 세종대왕, 한문희, **꿈이있는세상**
한국학대백과사전, 한국학대백과사전편찬위원회, **을유문화사**